Berg / Bruners / Villiger
GROSSER GOTT KLEIN

Othmar Berg
Wilhelm Bruners
Thomas Villiger

GROSSER GOTT KLEIN

Wortgottesdienste

Patmos Verlag Düsseldorf

Die Deutsche Bibliothek – CIP-Einheitsaufnahme

Berg, Othmar: Großer Gott klein: Wortgottesdienste /
Othmar Berg; Wilhelm Bruners; Thomas Villiger. –
1. Aufl. – Düsseldorf: Patmos Verl., 1993
   ISBN 3-491-72304-3

© 1993 Patmos Verlag Düsseldorf
Alle Rechte vorbehalten
1. Auflage 1993
Umschlagbild: Alexej von Jawlensky, Elemente: Das Feuer, 1935 VII, Nr. 61
© VG Bild – Kunst, Bonn 1993
Verwendung des Titels »Großer Gott klein« mit frdl. Genehmigung des
Luchterhand Literaturverlags, Hamburg
Gesamtherstellung: Boss-Druck, Kleve
3-491-72304-3

Inhalt

Zu diesem Buch 7

I. GROSSER GOTT KLEIN

Kurt Marti, höhle und Großer Gott klein (Wilhelm Bruners) 12
Ernst Eggimann, psalm 22 (Wilhelm Bruners) 19
Eva Zeller, Wo ich wohne (Othmar Berg) 27
Bruno Stephan Scherer, Gott zeichnen (Othmar Berg) 35
Else Lasker-Schüler, Weltende (Thomas Villiger) 44
Helga Piccon-Schultes, Ent-täuschung (Thomas Villiger) 52
Wilhelm Bruners, Verläßlich (Othmar Berg) 58

II. UNTERBRECHUNGSWÜNSCHE

Werner Kallen, Unterbrechungswünsche (Othmar Berg) 68
Silja Walter, Oration (Wilhelm Bruners) 76
Josef Reding, zweitausend jahre (Thomas Villiger) 84
Silja Walter, Schau (Thomas Villiger) 93
Wilhelm Willms, psalm (Thomas Villiger) 100
Wilhelm Bruners, Rat (Othmar Berg) 107

III. ABEL, STEH AUF

Hilde Domin, Abel steh auf (Wilhelm Bruners) 116
Reiner Kunze, Pfarrhaus (Wilhelm Bruners) 125
Hilde Domin, Bitte (Wilhelm Bruners) 132
Günter Kunert, Schofar (Wilhelm Bruners) 139
Uwe Grüning, Einspruch (Thomas Villiger) 146
Wilhelm Bruners, Trost (Othmar Berg) 154

IV. KÖRPERKIRCHE

Kurt Marti, körperkirche (Thomas Villiger) 164

Quellennachweis 172

Zu diesem Buch

Es ist Gottes-Zeit! Immer noch und immer wieder. Gott ist Thema für viele Menschen. Die Gottesfrage berührt sie, macht sie aggressiv oder läßt sie aufhorchen. Manche fühlen sich in Gott geborgen, andere von ihm verletzt. Und selbst in der Negation kommen viele nicht von ihm los. Freilich: Die Gottesbilder haben sich geändert. Die großen politischen, gesellschaftlichen und kulturellen Erschütterungen dieses Jahrhunderts, die Erfahrungen von Völkermord und Zerstörung der Schöpfung haben das Bild eines »allmächtigen und allherrschenden« Gottes beschädigt und relativiert. Der starke Gott hat Schwächen gezeigt – der große Gott zeigt sich oft klein. Seine Allmacht scheint an den Zäunen der Konzentrationslager aufzuhören. Die Frage, wie verläßlich denn Gott sei, hat sich neu gestellt. »Wo ist nun dein Gott?« – Dieser Ruf der Spötter an den Beter des Psalms (Ps 42,11) bringt in unserer Zeit vielen eine neue, große Bedrängnis. Seismographen für solche bedrängenden Nöte und Aufschreie sind zu allen Zeiten Dichterinnen gewesen. In ihren Worten hat sich das Lebensgefühl vieler Menschen widergespiegelt. Deshalb kann auch heute der Blick in die Dichtung Aufschluß über Grundfragen des Menschen geben. Die vorliegenden Wortgottesdienste stellen den Versuch dar, mit lyrischen Texten ins Gespräch zu kommen und auf die Frage nach Gott und dem Menschen Antworten und Anfragen im Raum der zeitgenössischen Literatur zu finden. Die moderne Literatur hält uns oft den Entwurf eines Bildes vom »anderen Gott« vor Augen und vermittelt uns eine andere Weise des Zugangs zu Gott. Die jeweilige literarische Wirklichkeitsdeutung soll jedoch nicht christlich vereinnahmt werden, sondern möchte auch das für ein christliches Verständnis Widersprüchliche, Andere und Fremde als Anfrage aufnehmen mit dem Ziel, einer heute angemessenen Rede von Gott näher zu kommen. Dabei kommt Gott (und Jesus) gar nicht »so schlecht weg«. Auch die Literatur, die heute autonom und undogmatisch ihre Themen behandelt, stellt sich der Gottesfrage. Die Antworten sind freilich unterschiedlich. Sie reichen vom Verstummen bis zur hymnischen Preisung, vom Protest bis zur Leugnung. Insofern kann die kirchliche Verkündigung und Gottesdienstpraxis im Dialog mit den »Prophetinnen« und »Propheten« unserer Tage – und diese Stelle nehmen manche Literaten und Literatinnen ein – viel über die Grundbefindlichkeit des Menschen erfahren. In seinem Ringen um und mit Gott nimmt sich auch der heutige Mensch viel Zeit – viel Gotteszeit – und erfährt dabei den »alten«, starken Gott oftmals als sehr schwach, den großen Gott oft als klein!

Ausdrücklich oder verschlüsselt bleibt für die Literatur die Bibel ein wichtiger Bezugspunkt. Als Paul Konrad Kurz 1978 sein Buch »Psalmen. Vom Expressionismus bis zur Gegenwart« veröffentlichte, waren nicht wenige erstaunt; ebenso deutlich hat Karl-Josef Kuschel im gleichen Jahr in »Jesus in der deutschsprachigen Gegenwartsliteratur« den »Jesus inkognito« als verborgene Bezugsperson herausgestellt.

Wegen ihrer formalen und oft inhaltlichen Nähe zu den Psalmen eignen sich viele Gedichte auch für den Gottesdienst. Das Stundengebet der Kirche kennt seit jeher (hymnische) Dichtung. Der Kern, die Psalmen selbst, sind Dichtung in konzentriertester Form. Insofern ist der Gebrauch von Gedichten im Gemeindegebet der Kirche nicht Bruch mit der Tradition, sondern Aufgreifen uralter Praxis – ganz abgesehen davon, daß bei der Liturgiereform neuverfaßte Hymnen ihren Eingang ins Stundengebet der Kirche gefunden haben.

Die hier vorgelegten Wortgottesdienste meditieren im Zusammenhang mit biblischen Texten Gedichte von Autorinnen und Autoren dieses Jahrhunderts. Viele dieser Gedichte geben ausdrücklich ihren biblischen Bezug zu erkennen, bei anderen stellen sich Erinnerungen an biblische Motive ein. Es geht bei den Betrachtungen aber nicht darum, die Texte biblisch »festzulegen«. Die vorgelegten Gedanken beanspruchen auch nicht, eine Interpretation der Gedichte zu sein. Vielmehr entfalten sie sich assoziativ und verstehen sich als perspektivische Annäherungen. Sie möchten als Anstöße alle, die mit diesen Gottesdiensten »arbeiten«, zu eigenen Gedanken anregen. Sie möchten ein Angebot und eine Einladung an alle in Gemeinden, Schulen und Gemeinschaften vereinten Menschen, an alle Gottsuchende, kirchennah oder kirchenfremd, sein.

Zum Aufbau

Die Gottesdienste folgen in der Regel einem einheitlichen Aufbau:

Begrüßung	Gedicht
Einleitung	meditative Stille
Gebet	Gedanken zum Gedicht
Einführung in die Lesung	Psalm
Lesung	Fürbitten
Lied	Vaterunser
	Entlassungs-Gebet

Nach der Begrüßung wird in der Einleitung ein Grundgedanke des Gottesdienstes formuliert, der zum Teil im Gebet noch weitergeführt wird. Dieser Gedanke nimmt zumeist auch schon Bezug auf den lyrischen Text. Die Einführung in die Lesung soll der Gemeinde helfen, den biblischen Text besser zu verstehen und in den Zusammenhang des Gottesdienstes einzuordnen. Die Lesungen sind im Blick auf die Thematik des Gedichtes ausgewählt, wobei die Zusammenstellung von Lesung und Gedicht durchaus kontrastiv sein kann. Gerade die Spannung, die durch Gegensätzliches erzeugt wird, kann auf die Texte ein besonderes Licht werfen und zu ihrer wechselseitigen Erhellung beitragen.

Nach der biblischen Lesung ist ein Lied vorgesehen, wobei die Vorschläge ebenfalls im weitesten Sinn beim Thema bleiben. Natürlich wird hier jede Gemeinde auf das ihr bekannte Liedgut zurückgreifen. Bei manchen Liedern lohnt es sich auch, sie neu einzuführen. Daher waren die Verfasser bemüht, unbekanntere, neuere geistliche Lieder auszuwählen.

Die Auswahl der Gedichte erfolgte nicht nach einem strengen Prinzip. Ursprünglich wurden sie im Vesper-Gottesdienst der Benediktiner-Abtei Dormitio in Jerusalem als Lesung mit anschließender Meditation vorgetragen und später unter dem Titel »Großer Gott klein« (in Anlehnung an ein Gedicht von Kurt Marti) zusammengestellt. Gemeinsam ist allen die »menschliche Gottsuche«, die in den unterschiedlichen Nuancen und Perspektiven behandelt wird. In allen Fällen war es nicht schwer, biblische Bezugspunkte zu finden – zumindest in der Weise der Erinnerung.

Zum Umgang mit diesem Buch

Wir empfehlen, die jeweiligen lyrischen Texte den Gottesdienstteilnehmern in die Hand zu geben, da es sich zum Teil um sehr anspruchsvolle und für das Verständnis nicht unmittelbar zugängliche Texte handelt. Deshalb sollte sich die Lektorin/der Lektor vor dem Gottesdienst intensiv mit den biblischen und lyrischen Texten vertraut machen und die Weise des Lesens reflektieren.

In jedem Fall aber ist nach der Lesung des lyrischen Textes eine meditative Stille vorgesehen, damit die Gemeinde Zeit hat, den Text in sich aufzunehmen. Wir empfehlen ein zweimaliges Lesen des Textes. Für die anschließenden Gedanken sind manche Texte zur Vortragshilfe in Sprechabsätzen geschrieben. Auch hier sollte der Vortrag gut vorbereitet sein, um eventuell eigene Gedanken einzufügen.

Nach den Überlegungen zum Text ist abermals Stille oder meditative (Orgel-)Musik geraten. Darauf folgt ein Psalm, der, wenn möglich,

gesungen werden sollte. Die Gesangbücher im deutschen Sprachraum bieten zumeist gute Möglichkeiten dazu.
Die anschließenden Fürbitten laden dazu ein, aktuelle Anlässe mit einzubeziehen. Die Gemeinde greift dann das fürbittende Gebet insgesamt noch einmal im »Vater-unser« auf. Mit einem thematisch bezogenen Abschlußgebet und der Entlassung endet der Gottesdienst.
Die Hoffnung der Verfasser dieser Gottesdienste ist, den »Tisch des Wortes« reicher zu decken – ein altes Anliegen der Liturgiereform. Natürlich können Elemente der Wortgottesdienste auch in eine Eucharistiefeier eingebaut werden. Immer aber sollten sie auf die konkrete Gemeinde bezogen werden: Personalgemeinde, Schulgemeinde, Stadtgemeinde ...
Ähnliches ist auch mit Musik und Tanz möglich. Wenn die Gottesdienste Anstoß zu weiteren Ideen beim Vollzug geben, haben sie ihren Sinn erfüllt.
Die Gottesdienste sind trotz der unverwechselbaren Handschrift des jeweiligen Verfassers als ein Gemeinschaftswerk das Ergebnis intensiver Gespräche über die Gedichte, ihren Inhalt und die Gesamtform der Gottesdienste. Die Texte wurden inzwischen in Exerzitien und Einkehrtagen sowie Gottesdiensten der Gemeinde eingesetzt und erprobt.

O. Berg, W. Bruners, Th. Villiger

I. Großer Gott klein

Kurt Marti, höhle und Großer Gott klein

Begrüßung

Das »Gottesgerücht« (P. M. Zulehner) geht um – auch in unseren Tagen. Auch in dieser Stunde. Wir erzählen weiter von IHM. Dazu begrüße ich Sie alle recht herzlich.
Der große – kleine Gott sei mit Euch!

Einleitung

»Sucht mich, dann werdet ihr leben!« (Amos 5,4.6)
Dem Sucher ist beim Propheten Amos nicht unbedingt das Finden, wohl aber das Leben verheißen.
Tatsächlich hat die Gott-Suche Menschen lebendig erhalten. Philosophen und Literaten, Prophetinnen und Propheten, Gaukler und Weise, Alte und Junge – immer wieder haben sich Menschen aufgemacht, Gott zu suchen. Manche haben sich in Höhlen, andere in Bibliotheken, wieder andere in Tempel zurückgezogen, um Gott zu suchen. Und viele haben IHN bis heute mitten unter den Menschen gesucht: in den Armen und Bettlern vor allem. In ihnen haben sie IHN versteckt gefunden, den großen Gott – ganz klein, auf dem letzten Platz.

Gebet

Du hast uns berührt,
Gott,
darum kommen wir
nicht mehr los von Dir.
Immer auf der Suche
nach Dir, leben wir.
Wir suchen Dich im Lärm
unserer Städte und Behausungen,
wir suchen Dich im Schweigen
der einsamen Wege und Berge.

Wir suchen Dich
in der Brandung des Meeres
und im Singen der Flöte.
Wir suchen Dich
im Fliegen der Vögel
und im Sturz der Felsen.
Wir suchen Dich
im Körper der Schönen
und im Angesicht der Kranken.
Wir suchen Dich,

weil wir wund sind von Dir
und ohne Dich nicht leben können.
Laß uns unruhig bleiben,
Gott,
auch wenn wir Dich
nicht sofort finden. Laß uns Dich
aufstöbern in Deinen Verstecken,
in den kleinen, in denen
wir Dich nicht vermuten.
Du bist das Leben in die
Ewigkeit.
(Amen.)

Einführung in die Lesung

Auf dem Areopag in Athen, auf dem die Athener »nichts lieber (tun), als die letzten Nachrichten zu erzählen oder zu hören«, entdeckt Paulus, der Konvertit von Damaskus, einen Altar. Er trägt die Aufschrift: »Einem unbekannten Gott« (Apg 17,23). Beeindruckt von diesem Altar spricht Paulus über diesen »unbekannten« Gott, der nicht in Tempeln wohnt. Der Höhepunkt seiner Rede: »Wir sind von seiner Art« (Apg 17,28). Was hat es mit diesem Gott auf sich, der anders ist als andere Götter und der keinen Tempel braucht? Kurt Marti sagt: »Wir: /deine Verstecke«. Doch hören wir zunächst Paulus in Athen.

Lesung: Apg 17, 16–34

PAULUS IN ATHEN

Während Paulus in Athen auf sie wartete, erfaßte ihn heftiger Zorn; denn er sah die Stadt voll von Götzenbildern. Er redete in der Synagoge mit den Juden und Gottesfürchtigen, und auf dem Markt sprach er täglich mit denen, die er gerade antraf. Einige von den epikureischen und stoischen Philosophen diskutierten mit ihm, und manche sagten: Was will denn dieser Schwätzer? Andere aber: Es scheint ein Verkünder fremder Gottheiten zu sein. Er verkündete nämlich das Evangelium von Jesus und von der Auferstehung. Sie nahmen ihn mit, führten ihn zum Areopag und fragten: Können wir erfahren, was das für eine neue Lehre ist, die du vorträgst? Du bringst uns recht befremdliche Dinge zu Gehör. Wir wüßten gern, worum es sich handelt. Alle Athener und die Fremden dort taten nichts lieber, als die letzten Neuigkeiten zu erzählen oder zu hören.
Da stellte sich Paulus in die Mitte des Areopags und sagte: Athener, nach allem, was ich sehe, seid ihr besonders fromme Menschen. Denn als ich umherging und mir eure Heiligtümer ansah, fand ich auch einen Altar mit der Aufschrift: EINEM UNBEKANNTEN GOTT. Was ihr verehrt, ohne es zu kennen, das verkünde ich euch. Gott, der die Welt erschaffen hat und alles in ihr, er, der Herr über Himmel und Erde, wohnt nicht in

Tempeln, die von Menschenhand gemacht sind. Er läßt sich auch nicht von Menschen bedienen, als brauche er etwas: er, der allen das Leben, den Atem und alles gibt. Er hat aus einem einzigen Menschen das ganze Menschengeschlecht erschaffen, damit es die ganze Erde bewohne. Er hat für sie bestimmte Zeiten und die Grenzen ihrer Wohnsitze festgesetzt. Sie sollten Gott suchen, ob sie ihn ertasten und finden könnten; denn keinem von uns ist er fern. Denn in ihm leben wir, bewegen wir uns und sind wir, wie auch einige von euren Dichtern gesagt haben: Wir sind von seiner Art. Da wir also von Gottes Art sind, dürfen wir nicht meinen, das Göttliche sei wie ein goldenes oder silbernes oder steinernes Gebilde menschlicher Kunst und Erfindung. Gott, der über die Zeiten der Unwissenheit hinweggesehen hat, läßt jetzt den Menschen verkünden, daß überall alle umkehren sollen. Denn er hat einen Tag festgesetzt, an dem er den Erdkreis in Gerechtigkeit richten wird, durch einen Mann, den er dazu bestimmt und vor allen Menschen dadurch ausgewiesen hat, daß er ihn von den Toten auferweckte.

Als sie von der Auferstehung der Toten hörten, spotteten die einen, andere aber sagten: Darüber wollen wir dich ein andermal hören. So ging Paulus aus ihrer Mitte weg. Einige Männer aber schlossen sich ihm an und wurden gläubig, unter ihnen auch Dionysius, der Aeropagit, außerdem eine Frau namens Damaris und noch andere mit ihnen.

Lied

AALGLATTER GOTT

1. Aalglatter Gott,
   bist stumm wie ein Fisch.
   Ich
   reich dir das Wasser.
   Aalglatter Gott,
   bist stumm wie ein Fisch.
   Ich
   reich dir das Wasser.

2. Kreuzotter Gott
   schlängelst dich durch.
   Ich
   halt dir die Stange.

3. Rotkehlchen Gott
   bist vogelfrei.
   Ich
   fliege auf dich.

4. Hasenfuß Gott
   ergreifst das Panier.
   Ich
   flüchte mit dir.

5. Bockiger Gott
   zerteilt zum Verkauf.
   Ich
   steh mit dir auf.

6. Natürlich Gott
   soviel größer als
   ich
   und doch so klein.

Text:	Blanke, Michael
Musik:	Janssens, Peter
Rechte:	beim Verlag
Verlag, Fundort	
Bestellnummer:	Peter Janssens Musik Verlag, Am Jägerhaus 8, 48291 Telgte; Damit die Erde Heimat werde; 1060-1 (KA); 1060-2 (SH)
Tonträger:	Peter Janssens Musik Verlag, Am Jägerhaus 8, 48291 Telgte; Damit die Erde Heimat werde; 1060 (MC)

Oder:

WIR HABEN GOTT KLEIN GEMACHT

Text:	Hansen, Johannes
Musik:	Fietz, Siegfried
Rechte:	beim Verlag
Verlag, Fundort	
Bestellnummer:	Abakus Schallplatten und Ulmtal Musikverlag, Barbara Fietz, Haversbach 1, 35753 Greifenstein; Nach dem Dunkel kommt ein neuer Morgen; 030
Tonträger:	Abakus Schallplatten und Ulmtal Musikverlag, Barbara Fietz, Haversbach 1, 35753 Greifenstein ; LP 90030; MC 95030

Oder:

MIT MEINEN AUGEN

Text:	Schlegel, Helmut
Musik:	Heurich, Winfried
Rechte:	bei den Autoren
Verlag, Fundort	
Bestellnummer:	Bischöfliches Ordinariat Limburg, Dez. Jugend, Roßmarkt 4, 65549 Limburg; Knotenpunkte, Lieder zu den Sakramenten, 1990
Tonträger:	Bischöfliches Ordinariat Limburg, Ref. Liturgie, Roßmarkt 4, 65549 Limburg; »KNOTENPUNKTE« MC; Best.-Nr. BO 13240

Gedichte

höhle

dunkel leuchtende höhle
wo wir
wärme suchen und zuflucht
bei feuer und freunden

schöne höhle du gott
in der wir
immer schon gingen
und wußten es nicht.

Kurt Marti

GROSSER GOTT KLEIN

Großer Gott:
uns näher
als Haut
oder Halsschlagader
kleiner
als Herzmuskel
Zwerchfell oft:
zu nahe
zu klein –
wozu
dich suchen?

wir:
deine Verstecke

Kurt Marti

Gedanken zu den Gedichten

Zwei Gott-Gedichte von
Kurt Marti.
Gegenläufig,
paradox!
Von der Gott-Höhle ist die Rede
und von der Menschenhöhle.
Versteck sie beide.

Versteck für den Menschen.
Zukunft und Wärme.
Versteck für Gott:
Wir!
Aber stimmt das denn
auch noch: Wärme und
Zuflucht?

Die Gott-Höhle: dunkel leuchtend!
Es scheint wohl immer so.
Wir können von IHM nur
in Paradoxien sprechen:
dunkel leuchtend –
so haben ihn Menschen
immer erlebt:
Mose, Israel, Elija,
Jesus!
Wer von uns erlebte ihn
anders?
Und doch die Ahnung:
diese Höhle
gäbe Wärme und Zuflucht
bei Feuer und Freunden.

Schon heute kann ich sagen:
Bei meiner Gottsuche habe
ich die besten Freundinnen
und Freunde gefunden;
bei den Suchern,
nicht unbedingt bei den
Findern ...
Klöster: Gott-Such-Höhlen,
zumindest das –
nicht weniger als das.

Wir suchen also,
aber: *schöne höhle du gott*
in der wir
immer schon gingen
und wußten es nicht.

Paulus verabschiedet sich auf
dem Areopag:
»Denn in ihm leben wir,
bewegen wir uns und
sind wir, wie auch einige
von euren Dichtern gesagt haben:
Wir sind von seiner Art.«
(Apg 17,28)
Das Bild bricht: Szenenwechsel!
Das Menschenversteck:
doch auch eine Höhle?

Noch einmal Paulus auf dem
Areopag:
»Sie [d. h. die Menschen] sollten
Gott suchen, ob sie ihn ertasten
und finden könnten; denn
keinem von uns ist er fern.«
(Apg 17,27)

*uns näher / als Haut /
oder Halsschlagader.*

Der Weg von außen nach
innen bis Herzmuskel
und Zwerchfell,
tiefer noch – abgrundtief in uns.

Dieser kleine Text beginnt
mit der Erinnerung an ein
Lied:
»Großer Gott – wir loben dich«,
möchte ich weitersingen ...
Aber hier wird ein anderes
Lied gesungen:
näher, kleiner
zu nahe,
zu klein ...

Was bleibt vom großen Gott?
Wir bleiben
klein und groß,
dunkel und leuchtend,
wir, seine Verstecke,
ohne IHN wären wir nichts.

Psalm 42

1. Wie der Hirsch lechzt nach frischem Wasser,
   so lechzt meine Seele, Gott, nach dir.
2. Meine Seele dürstet nach Gott,
   nach dem lebendigen Gott.
3. Wann darf ich kommen
   und Gottes Antlitz schauen?
4. Tränen waren mein Brot bei Tag und bei Nacht;/
   denn man sagt zu mir den ganzen Tag:
   Wo ist nun dein Gott?
5. Das Herz geht mir über, wenn ich daran denke:/
   wie ich zum Haus Gottes zog in festlicher Schar,
   mit Jubel und Dank in feiernder Menge. –
6. Meine Seele, warum bist du betrübt
   und bist so unruhig in mir?
7. Harre auf Gott; denn ich werde ihm noch danken,
   meinem Gott und Retter, auf den ich schaue. –

Fürbitten

Gott, in Dir leben wir, bewegen wir uns und sind wir. Wir sind von Deiner Art. Höre unsere Bitten:
- Sieh, wie die Menschen nach Glück suchen, nach Frieden, nach Leben. Sieh, wie sie sich dafür krummlegen und arbeiten.

Gib ihnen Deinen Geist, der sie in Wahrheit finden läßt, was sie suchen.
- Höre, wie die Menschen nach Dir rufen, wie sie eine Antwort erwarten auf ihre Fragen, auf ihre Nöte.

Gib ihnen Deinen Geist, der sie in Wahrheit hören läßt, was ihnen weiterhilft.
- Fühle, wie die Menschen berührt sind von Deiner Schöpfung, aber auch von der Zerstörung nach dem Tod.

Gib ihnen Deinen Geist, der sie in Wahrheit Dich in allem spüren läßt, damit sie an Dir irre werden.

Ja, gib Dich zu erkennen, Gott, und zeige uns, wie wir immer schon in Deiner Wirklichkeit gelebt haben und in Dich hineingingen, seit wir leben in Jesus, unserem Bruder, Deinem Liebling in die Ewigkeit der Ewigkeiten.

Vater Unser

Entlassung

Segne uns Gott, der Du uns nahe bist und fern,
        der Du uns unbekannt bist und doch so vertraut,
            der Du uns bergende Höhle bist und doch Feuersturm,
ja, segne uns mit Deinem Feuergeist.
Der Herr segne und behüte Dich ...

Ernst Eggimann, psalm 22

Begrüßung

Hat Ihnen heute schon ein Mensch gesagt: Es ist gut, daß es Dich gibt? Ich möchte es Ihnen sagen, Ihnen allen und jeder und jedem einzelnen: Es ist gut, daß es Dich gibt. Und ich sage es Ihnen im Glauben an den, der uns geschaffen hat! Der Schöpfer und Retter dieser Welt sei mit Euch!

Einleitung

Haben Sie heute schon Ihrem Gott gesagt: Es ist gut, daß es Dich gibt? Ihrem Gott, zu dem Sie beten, zu dem Sie über die Jahre eine Beziehung entwickelt haben, eine gute oder problematische ... Freilich, manche unter uns suchen zur Zeit auch nach einem »Lebenszeichen« Gottes. Da, wo einmal ein Dialog stattfand, ist jetzt Stille, Schweigen ...: *es gibt keine zeichen mehr von dir,* heißt es in einem Gedicht von Ernst Eggimann, das wir in diesem Gottesdienst bedenken. Und weiter heißt es: *man sagt, du seist weg.*
Tatsächlich leiden viele Menschen heute unter der erlebten »Abwesenheit« Gottes. Eigentlich müßten damit eine Reihe von Problemen vergangener Generationen mit »Himmel und Hölle« erledigt sein, aber das Gegenteil ist der Fall. Die Leerstelle Gottes ist eine offene Wunde in unserer Zeit. Für viele brennt sie! Vor zweitausend Jahren hing in Jerusalem ein Jude am Kreuz, der schrie: »Mein Gott! Mein Gott! Warum hast Du mich verlassen?« (vgl. Mk 15,34)
Auch ihm gab in dieser Stunde Gott keine Zeichen mehr.

Gebet

Gib uns wieder Zeichen,
Gott,
in denen wir
Deine Stimme hören,
Geschichten,
die uns Hoffnung geben,
Brot, das uns sättigt,
Träume, die uns wach
werden lassen.
Menschen, in deren
Gesicht Du selbst ansichtig
wirst.

Räume die falschen Götter
weg, die sich an Deine Stelle
gesetzt haben.
Sie haben nur ihren Vorteil
im Kopf, ihren Nutzen.
Nutzlos ist es, ihnen zu
gehorchen oder zu folgen.

Ihr Lied ist der Tod.
Gott, um des Lebens willen,
erinnere dich Deines Namens
Immanuel – Gott mit uns –
und komm durch unsere
Türen heute und alle Tage.
(Amen.)

Einführung in die Lesung

Die Passionserzählungen der Evangelien gehören zum Urgestein dessen, was sich die ersten Christen erzählt haben. Und immer, wenn sie davon erzählten, traf es sie neu. In ihnen erzählten sie schwer Faßbares: Jesus hatte liebevoll von Gott gesprochen. Am Ende aber hing er selbst zwischen Himmel und Erde, gekreuzigt, schreiend – und Gott schwieg. Wo war Gott in dieser Stunde?
Und nur langsam verstanden die Menschen die Botschaft des Kreuzes: Gott hing selbst in diesem unschuldigen Gerechten am Kreuz. Gott hatte immer schon da gelitten und geweint, wo Menschen litten und weinten ... – und er würde bis zur Vollendung der Welt nicht aufhören, mit den Gekreuzigten zu schreien – bis die Menschen aufhören, einander soviel Leid zuzufügen. Wo war Gott? Gottes Platz war ganz unten, dort oben am Kreuz!

Lesung: Mk 15, 20–37

Nachdem sie so ihren Spott mit ihm getrieben hatten, nahmen sie ihm den Purpurmantel ab und zogen ihm seine eigenen Kleider wieder an. Dann führten sie Jesus hinaus, um ihn zu kreuzigen. Einen Mann, der gerade vom Feld kam, Simon von Zyrene, den Vater des Alexander und des Rufus, zwangen sie, sein Kreuz zu tragen. Und sie brachten Jesus an einen Ort namens Golgota, das heißt übersetzt: Schädelhöhe. Dort reichten sie ihm Wein, der mit Myrrhe gewürzt war; er aber nahm ihn nicht. Dann kreuzigten sie ihn. Sie warfen das Los und verteilten seine Kleider unter sich und gaben jedem, was ihm zufiel. Es war die dritte Stunde, als sie ihn kreuzigten. Und eine Aufschrift (auf einer Tafel) gab seine Schuld an: Der König der Juden. Zusammen mit ihm kreuzigten sie zwei Räuber, den einen rechts von ihm, den andern links. Die Leute, die herbeikamen, verhöhnten ihn, schüttelten den Kopf und riefen: Ach, du willst den Tempel niederreißen und in drei Tagen wieder aufbauen? Hilf dir doch selbst, und steig herab vom Kreuz! Auch die Hohenpriester und

die Schriftgelehrten verhöhnten ihn und sagten zueinander: Anderen hat er geholfen, sich selbst kann er nicht helfen. Der Messias, der König von Israel! Er soll doch jetzt vom Kreuz herabsteigen, damit wir sehen und glauben. Auch die beiden Männer, die mit ihm zusammen gekreuzigt wurden, beschimpften ihn.
Als die sechste Stunde kam, brach über das ganze Land eine Finsternis herein. Sie dauerte bis zur neunten Stunde. Und in der neunten Stunde rief Jesus mit lauter Stimme: Eloï, Eloï, lema sabachtani?, das heißt übersetzt: Mein Gott, mein Gott, warum hast du mich verlassen? Einige von denen, die dabeistanden und es hörten, sagten: Hört, er ruft nach Elija! Einer lief hin, tauchte einen Schwamm in Essig, steckte ihn auf einen Stock und gab Jesus zu trinken. Dabei sagte er: Laßt uns doch sehen, ob Elija kommt und ihn herabnimmt. Jesus aber schrie laut auf. Dann hauchte er den Geist aus.

Lied

ICH SUCHE DICH MEIN GOTT

Refr.:
Ich suche Dich, mein Gott.
Ich suche nicht allein.
Ich suche Dich, mein Gott.
Du willst unter uns Menschen sein.
Du willst unter uns Menschen sein.

1. Meine Schritte, kreisen um die Mitte
   – meine Worte suchen eine Pforte.

2. Meine Hände tasten ab die Wände,
   meine Trauer klagt an einer Mauer.

3. Meine Wunden werden nicht verbunden,
   mein Erblinden wird Dich endlich finden.

Text:	Werkstatt »Religiöses Liederfest« in Hardehausen
Musik:	Werkstatt »Religiöses Liederfest« in Hardehausen
Rechte:	beim Herausgeber
Verlag, Fundort, Bestellnummer:	Verlag BDKJ INFORMATION, Domplatz 11, 33098 Paderborn; Diözesanarbeitsgemeinschaft musisch-kultureller Bildung im Erzbistum Paderborn (Hrsg.), Liederzeit. Neue Lieder aus dem Erzbistum Paderborn, 1990; ISBN 3-924680-04-3

Oder:
WORTE STEIGEN

Text:	Meidinger-Geise, Inge
Musik:	Offele, Winfried
Rechte:	M: beim Autor
Verlag, Fundort, Bestellnummer:	AK Singles im BDKJ, Marzellenstr. 32, 50668 Köln; Liedblatt 5, 9/78

Oder:
DU BIST DA, WO MENSCHEN LEBEN

Text:	Jöcker, Detlev
Musik:	Jöcker, Detlef
Rechte:	beim Verlag
Verlag, Fundort, Bestellnummer:	Menschenkinder Musikverlag, An der Kleinmannbrücke 91a, 48157 Münster
Nachdrucke:	tvd-Verlag GmbH, Parkstr. 20, 40477 Düsseldorf; Mein Kanonbuch; 8600.1

Oder:
IM ANTLITZ EINES FEINDES
(Das Unrecht schreit zum Himmel)

Text:	Eckert, Eugen
Musik:	Heurich, Winfried
Rechte:	Studio Union im Lahn-Verlag, Postfach 1562, 65535 Limburg;
Verlag, Fundort, Bestellnummer:	Bischöfliches Ordinariat Limburg, Dez. Jugend, 65549 Limburg; Und die Nacht bleibt voll Gesang. Lieder aus Hoffnung, Lieder zur Weihnacht, 1980
Tonträger:	Studio Union im Lahn-Verlag, Limburg; Singen will ich und nicht klagen (LP/MC); SU 9991

Gedicht

PSALM 22

es gibt keine zeichen mehr von dir
im himmel im holz in den stirnen
keine schönen geschichten die wir glauben
in denen du engel schickst und sintfluten
flammende schwerter plagen posaunen
wo du mit leuten redest im traum
und der riese goliath fällt auf die stirn
und daniel kommt heil aus der gaskammer

man sagt du seist weg
du kümmerst dich nicht mehr um uns
du hast deinen sohn ans kreuz geschlagen
eine kirche gegründet
seitdem bist du weg und
wir brauchen dich nicht
keiner ruft dich
wer dich ruft erwartet nicht daß du ihn hörst
keiner ruft leise genug
keiner klopft an und wird aufgetan

es gibt weder himmel noch hölle
die türe ist offen

Ernst Eggimann

Gedanken zum Gedicht

Sie sind Staub geworden. Und auf Trödelmärkten gibt es die Zeichen noch – leicht verstaubt. Das Bild zum Beispiel: Zwei Kinder, geängstet auf einem kleinen Holzsteg über einem reißenden Gebirgsbach, dahinter der Engel, groß, die Hände schützend ausgestreckt. Wir wissen: es wird gut gehen. Das wollte die Botschaft dieses Bildes sagen. Die Kinder stehen unter dem besonderen Schutz ihres Engels. Kitsch – sagen die Kunstexperten. Aber es gab Sicherheit, erinnern sich durchaus gebildete, alte Menschen.
Für Ernst Eggimann, der dabei sicher das Lebensgefühl vieler ausdrückt, haben sie ausgedient: die alten Zeichen *im himmel im holz in den stirnen*. Auch die *schönen geschichten,* in denen alles gut ausgeht, haben ausgedient. Der Glaube an diese schönen Geschichten scheint bei Ernst Eggimann zerbrochen: Daniel kommt nicht mehr heil aus der Gaskammer. Staub bleibt Staub.
keine schönen geschichten die wir glauben, sagt Eggimann.
Vorsichtiger beginnt er die zweite Strophe: *man sagt du seist weg.*
Er zitiert, was einem *man sagt* zur Folge alles in die religiöse Krise geraten ist – es sind wesentliche Artikel des Glaubensbekenntnisses: Ein Schöpfer, der sich nicht mehr *um uns* kümmert, ein von ihm ans Kreuz geschlagener Sohn, eine von ihm gegründete Kirche ...
Eine kirchliche Verkündigung wird damit skizziert und gleichzeitig karikiert, die noch immer nachwirkt und zum Teil furchtbare Folgen gehabt hat und hat. Das Reden von Gott ließ Dunkelkammern entstehen, in

denen die Menschen Gott-blind wurden, bis sie sich befreiten und diesen Gott in den Staub traten und ihn zum Trödelmarkt trugen: *wir brauchen dich nicht / keiner ruft dich* ... Dieser sadistische Gott *(du hast deinen sohn ans kreuz geschlagen)* war nicht mehr Adressat menschlichen Rufens *(wer dich ruft erwartet nicht daß du ihn hörst)* – wie sollte er auch?

Und in der Zeit verstaubter Gotteserwartung ruft auch keiner *leise genug* (»leise genug« sagt Eggimann), klopft keiner an, wird nicht aufgetan ...

Alles scheint abgeschafft: Die Zeichen *im himmel im holz in den stirnen,* die schönen Geschichten von der Rettung, keiner kommt mehr heil davon – höchstens »verletzter« (Hilde Domin). Am Ende gibt es weder *himmel noch hölle.* Das Werk scheint getan. Staub war alles, zu Staub ist es zurückgekehrt. Laßt uns Asche aufs Haupt streuen oder übers Meer, daß wir ihrer nicht mehr gedenken.

Doch so endet Eggimanns Gedicht nicht. Da steht überraschend am Ende das Wort: *die türe ist offen.* Welche Türe? Und welches Licht wird durch diese Türe hereinscheinen oder welche Dunkelheit? Welcher Wind wird wehen?

Eggimann hält die Tür in seinem Psalm 22 offen – anders als viele, für die die Gottes- und wohl auch Menschensache erledigt ist.

»Mein Gott, mein Gott, warum hast du mich verlassen?« Wer so wie der Beter in Psalm 22 schreit, hat noch einen Adressaten. Er kann Gott noch haftbar machen für sein Fernbleiben. Er ist nicht wie ein Sänger am Rand des Weltalls, der sein Lied singt und niemand hört ihm zu (Ch. Monod).

Die Tür ist offen ... Es ist gut, wenn die alten, oft verzerrenden Gottesbilder zu Staub zerfallen und neue, befreiende, offene an ihre Stelle treten: ein Gott, der zugewandt ist, mit-leidet, ein Sympathisant des Menschen, auch ein Mitkämpfer, am Ende ein Segnender.

Wir sind eingeladen, durch die offene Tür zu gehen und uns auf neue Erfahrungen – Gottes- und Menschenerfahrungen – einzulassen.

Psalm 22

1. Mein Gott, mein Gott, warum hast du mich verlassen,
   bist fern meinem Schreien, den Worten meiner Klage?
2. Mein Gott, ich rufe bei Tag, doch du gibst keine Antwort;
   ich rufe bei Nacht und finde doch keine Ruhe. –
3. Aber du bist heilig,
   du thronst über dem Lobpreis Israels.

4. Dir haben unsre Väter vertraut,
   sie haben vertraut, und du hast sie gerettet.
5. Zu dir riefen sie und wurden befreit,
   dir vertrauten sie und wurden nicht zuschanden. –
6. Ich aber bin ein Wurm und kein Mensch,
   der Leute Spott, vom Volk verachtet.
7. Alle, die mich sehen, verlachen mich,
   verziehen die Lippen, schütteln den Kopf:
8. »Er wälze die Last auf den Herrn,
   der soll ihn befreien!
9. Der reiße ihn heraus,
   wenn er an ihm Gefallen hat!«
10. Du bist es, der mich aus dem Schoß meiner Mutter zog,
    mich barg an der Brust der Mutter.
11. Von Geburt an bin ich geworfen auf dich,
    vom Mutterleib an bist du mein Gott.
12. Sei mir nicht fern, denn die Not ist nahe,
    und niemand ist da, der hilft. –
13. Ehre sei dem Vater und dem Sohn
    und dem Heiligen Geist,
14. wie im Anfang, so auch jetzt und alle Zeit
    und in Ewigkeit. Amen.

1. Ich bin hingeschüttet wie Wasser, /
   gelöst haben sich all meine Glieder.
   Mein Herz ist in meinem Leib wie Wachs zerflossen.
2. Meine Kehle ist trocken wie eine Scherbe, /
   die Zunge klebt mir am Gaumen,
   du legst mich in den Staub des Todes.
3. Viele Hunde umlagern mich, /
   eine Rotte von Bösen umkreist mich.
   Sie durchbohren mir Hände und Füße.
4. Man kann all meine Knochen zählen;
   sie gaffen und weiden sich an mir.
5. Sie verteilen unter sich meine Kleider
   und werfen das Los um mein Gewand. –
6. Du aber, Herr, halte dich nicht fern!
   Du, meine Stärke, eil mir zur Hilfe!
7. Entreiße mein Leben dem Schwert,
   mein einziges Gut aus der Gewalt der Hunde!

8. Rette mich vor dem Rachen des Löwen,
   vor den Hörnern der Büffel rette mich Armen! –
9. Ehre sei dem Vater und dem Sohn
   und dem Heiligen Geist,
10. wie im Anfang, so auch jetzt und alle Zeit
    und in Ewigkeit. Amen.

Fürbitten

Um Gottes Nähe laßt uns beten, auch wenn wir schweigen möchten.
– Für alle, die vergeblich nach einem Zeichen von Gott suchen.
Wir beten:
Gott, Du weißt um unsere Not, Dich zu finden. Du weißt, daß wir ohne Deine spürbare Nähe vereinsamen.
Zeige Dein freundliches Gesicht, und verbirg Dich nicht im leeren Raum.
– Für die, die unsere Welt ans Kreuz schlägt.
Wir beten:
Gott, Du weißt um die Not des Gebetes und daß uns oft die Worte fehlen. Du weißt, wie viel uns gegen Dich aufbringt.
Laß die Worte der Menschen nicht ungehört verhallen. Höre auch die leise Stimme des klopfenden Herzens, und öffne Dich unseren stammelnden Worten.
– Für alle, die heimatlos geworden sind in Deiner Kirche.
Wir beten:
Gott, Du weißt, wieviel in unserer Kirche im Argen liegt, wieviel unnötige Gesetze und Vorschriften, wieviel Angst und Enge wir in diesen Jahren erleben.
Führe uns erneut zur Weite Deines Evangeliums, zur Freiheit der Kinder Gottes, zur Solidarität mit den Armen und zur Bewahrung Deiner Schöpfung,
denn Dein ist das Reich und die Kraft und die Herrlichkeit!

Vater unser

Entlassung

Der uns das Zeichen des Regenbogens gab,
der uns das Zeichen des Volkes Israel gab,
der uns das Zeichen des gekreuzigten und auferstandenen Jesus gab –
der Gott unserer Väter und Mütter –
Er segne uns!

Eva Zeller, Wo ich wohne

Begrüßung

Eine von Kindern oft gestellte und somit sehr ernstzunehmende Frage lautet: »Wo wohnt eigentlich Gott?« Der Zeigefinger, der als Antwort auf diese Frage zum Himmel weist, löst wohl kaum dieses wesentliche Problem zufriedenstellend.
Seien Sie herzlich gegrüßt im Namen Gottes, des Schöpfers von Himmel und Erde, der in allen Dingen wohnt!

Einleitung

»Wo wohnt Gott?«
Mit dieser Frage überraschte der Kozker einige gelehrte Männer, die bei ihm zu Gast waren. Sie lachten über ihn: »Wie redet Ihr! Ist doch die Welt seiner Herrlichkeit voll!«
Er aber beantwortete die eigene Frage:
»Gott wohnt, wo man ihn einläßt.«
In dieser kleinen Erzählung von Martin Buber wird eine überraschende Ansicht auf die Frage nach der Wohnung Gottes vertreten. Gott kann der Einlaß, die Wohnung, verweigert werden. Der Zutritt liegt nicht allein in Gottes Hand!
Eva Zeller verrät uns in ihrem Text »Wo ich wohne«, den wir im Anschluß an die Lesung hören werden, den Wohnort ihres Gottes.

Gebet

Gott,
von dem alles kommt,
der Du
die ewige Wohnung des Lebens bist,
laß uns offen und bereit sein
durch Deinen Heiligen Geist,
damit wir Dir
Einlaß gewähren
zu jeder Zeit und
Du Wohnung findest
bei uns,
die wir leben
in der Hoffnung
auf die ewige Wohnung
bei Dir
heute und alle Tage. (Amen.)

Einführung in die Lesung

Immer wieder haben Menschen den Göttern Tempel und Heiligtümer errichtet. In Israel geschah das auch. Doch zweimal wurde der Tempel zerstört. Die Frage, ob Gott überhaupt in einem Tempel wohnt, hat die jüdischen Theologen immer neu beschäftigt. Nach der Zerstörung des zweiten Tempels im Jahre 70 stand sie erneut an. Lukas, ein christlicher Theologe des ersten Jahrhunderts, legt dem Diakon Stephan in der Apostelgeschichte unter anderem folgende Worte in den Mund:

Lesung: Apg 7,44-50

Unsere Väter hatten in der Wüste das Bundeszelt. So hat Gott es angeordnet; er hat dem Mose befohlen, es nach dem Vorbild zu errichten, das er geschaut hatte. Und unsere Väter haben es übernommen und mitgebracht, als sie unter Josua das Land der Heidenvölker besetzten, die Gott vor den Augen unserer Väter vertrieb, bis zu den Tagen Davids. Dieser fand Gnade vor Gott und bat für das Haus Jakob um ein Zeltheiligtum. Salomo aber baute ihm ein Haus. Doch der Höchste wohnt nicht in dem, was von Menschenhand gemacht ist, wie der Prophet sagt: *Der Himmel ist mein Thron und die Erde der Schemel für meine Füße. Was für ein Haus könnt ihr mir bauen?, spricht der Herr. Oder welcher Ort kann mir als Ruhestätte dienen? Hat nicht meine Hand dies alles gemacht?*

Lied

DORT IST GOTT

Refr.:
Dort ist Gott, wo Du ihn suchst, wo Du ihn suchst.
Überall ist Gott, überall, wo Du ihn suchst.

1. Und suchst Du ihn am Morgen, am Abend, untertags.
   In seiner Weisheit Werke, da ist Gott, da ist Gott!
2. Und suchst Du ihn im Regen, im warmen Sonnenschein.
   In seiner Schöpfung Werke, da ist Gott, da ist Gott!
3. Und suchst Du ihn im Leiden, wenn alles scheint verlorn.
   In seiner Güte Werke, da ist Gott, da ist Gott!
4. Und suchst Du ihn von Herzen im Schönen, das er schenkt.
   In seiner Liebe Werke, da ist Gott, da ist Gott!

Text:	Stimmer-Salzeder, Kathi
Musik:	Stimmer-Salzeder, Kathi
Rechte:	bei der Autorin
Verlag, Fundort, Bestellnummer:	Kathi Stimmer-Salzeder, Lärchenstr. 22, 84544 Aschau a. Inn; Lied der Hoffnung 3, Gesamtband 1992
Tonträger:	steyl-medien, Cimbernstr. 102, 81377 München; Du bist die Freude 5; C 272 (MC)

Oder:

WO IST DENN GOTT?

Text:	Willms, Wilhelm
Musik:	Edelkötter, Ludger
Rechte:	beim Verlag
Verlag, Fundort, Bestellnummer:	Impulse Musikverlag Ludger Edelkötter, Natorp 21, 48317 Drensteinfurt; Weißt du, wo der Himmel ist, 4. Auflage 1988; IMP 1003 (Liedheft); ISBN 3-9801336-4-8
Tonträger:	Impulse Musikverlag Ludger Edelkötter, Natorp 21, 48317 Drensteinfurt; Weißt du wo der Himmel ist; 1003 (LP)

Oder:

WO IST GOTT?

Text:	Laue, Eberhard
Musik:	Laue, Eberhard
Rechte:	beim Verlag
Verlag, Fundort, Bestellnummer:	Mundorgel-Verlag, Postfach 13 28, 51545 Waldbröl; Der Lobkreis; Bestellnr.: 017
Nachdrucke:	Kolping-Diözesanverband Würzburg e.V., Sedanstr. 25, 97082 Würzburg; Troubadour für Gott

Gedicht

WO ICH WOHNE

Ich wohne in einem
Potemkinschen Dorf
Wenn Besuch kommt
ist es rasch aufgeschlagen
aus Fertigfassaden
Pappbäumen und einem
gewinnenden Lächeln

Ich bevölkere es
mit Herden weidender Kinder
lasse Hunde bellen
Frauen in Fenstern lehnen
Männer die Köpfe hoch tragen
und leite alle Schritte
in die Wege
um ersprießliche Tatsachen
vorzuspiegeln

Eine Kirche gibt es
nicht in meinem Dorf
wohl aber einen
kleinen nackten Gott
den verstecke ich lebendig
unter meiner Türschwelle
hinter der kein Haus ist
damit niemand ihn
für eine der herbeigeschafften
Attrappen halten könnte

Ich gehe über ihn hinweg
Wenn es nichts mehr
zu besichtigen gibt
und die Spiegel erlöschen
grabe ich
mit nackten Händen
nach ihm

Eva Zeller

Gedanken zum Gedicht

»Wo wohnst Du?«
fragt Ihr.
Ich wohne in einem Dorf,
das es gar nicht gibt,
das ich zum Schein erbaut habe,
um Euch zu täuschen,
wie der russische Fürst Potjemkin
seiner Gönnerin Kaiserin Katharina II.
rasch aufgebaute Dorfattrappen
als ersprießliches Ergebnis ihrer Zuwendungen
vorgaukeln wollte.

Auf den ersten Blick geht Ihr durch ein Dorf,
wie es viele Dörfer gibt.
Wenn Ihr hinter die Fassaden schautet,
wenn Ihr die Türschwelle der Frontwände überschreiten würdet,
entpuppte sich dieses Dorf,
in dem ich wohne,
als leerer Schein.
Das Dorf – ein Blendwerk!

Wenn Ihr mich besucht,
werdet Ihr dieses Bild vorfinden.
Ich werde Euch durch mein Dorf führen,
jeden Schritt zielstrebig berechnend.
Ihr könnt mich ruhig anstarren,
ich bin gewappnet,
mein Gesicht wird erstarren
zur undurchdringlichen Fassade

eines gewinnbringenden Lächelns.
Ich werde sein
wie mein Dorf:
potjemkinsche Täuschung!

Ihr stutzt und fragt:
»Wo ist die Kirche?«
Ich sehe in Euren Gesichtern
den Keim des Mißtrauens:
Ein Dorf ohne Kirche?
Eine Kirche, nein,
die gibt es nicht
in meinem Dorf.

Ihr glaubt mir nicht?
Schaut ruhig nach!
Ich bin vorbereitet.
Ihr könnt über jede Schwelle gehen,
hinter jeder Türe
tretet Ihr ins Leere.
Nichts werdet Ihr finden!
Denn, wenn ich Euch führe,
gehe ich über IHN,
meinen Gott, hinweg.

Warum ich das mache?
Ihr wollt doch nur
»Ersprießliches« sehen,
Spiegelbilder
Eurer Wünsche und Vorstellungen,
Ihr wollt einen Gott
nach Eurem Geschmack,
eingemauert in eine Kirche aus Stein,
damit er Euch nicht in die Quere kommt.

Ihr wollt einen
»Vorzeige-Gott«,
für etwaige Besuche,
ein Besichtigungsobjekt,
festgenagelt an der Wand
oder ausgestellt wie eine Jagdtrophäe,
Spiegelbild
Eurer Eitelkeiten,
Eurer Welt der Verkleidung.

Warum ich das mache?
Ich habe Angst,
ja – Angst, meinen Gott,
von dem alle Fassaden abgefallen sind,
zu verlieren.
Wenn Ihr meinen
nackten, entblößten,
von allen Fassaden befreiten
Gott entdeckt,
nehmt Ihr ihn mit
und macht mit ihm,
was Ihr wollt!

Denn,
der sich nackt zeigende Gott
ist Euch schutzlos ausgeliefert
und Ihr werdet ihn
in Eurer »Fassaden-Welt«
nicht annehmen.

Ich habe Angst
um mein Leben,
denn nur hier, auf der Schwelle,
zwischen Fassade und Leere,
von Euch unentdeckt,
besteht die Chance,
Gott zu begegnen.

Nur hier kann es gelingen,
den kleinen, entblößten Gott,
den jetzt des Schutzes nicht mehr bedürftigen Gott
zu finden.
Nur hier kann es gelingen,
wenn ich selbst aller Fassaden entledigt,
mit nackten Händen grabe nach ihm.

Auf der Schwelle zwischen Fassadenbild und Leere
– nur dort ist Wirklichkeit,
ist Lebenssubstanz.
Nur hier kann
das nackte Ich
dem nackten Du Gottes
nahekommen und Ihn finden.

Nur hier sind
göttliches Du
und Ich
lebendig.

Alles ist Potjemkinsches Dorf, leere Fassade!
Auf der Schwelle nur stehend und grabend,
von Fassade umrahmt,
in fassadenloser Offenheit
ist Leben.
Da ist Gott lebendig.
Dort wohne ich!

Psalm 132

1. O Herr, denk an David,/ denk an all seine Mühen,
2. wie er dem Herrn geschworen,/ dem starken Gott Jakobs gelobt hat
3. »Nicht will ich mein Zelt betreten,/ noch mich zur Ruhe betten,
4. nicht Schlaf den Augen gönnen,/ noch Schlummer den Lidern,
5. bis ich eine Stätte finde für den Herrn,/ eine Wohnung für den starken Gott Jakobs.«
6. Wir hören von seiner Lade in Efrata,/ fanden sie im Gefilde von Jaar.
7. Laß uns hingehen zu seiner Wohnung/ und niederfallen vor dem Schemel seiner Füße!
8. Erheb dich, Herr, komm an den Ort deiner Ruhe,/ du und deine machtvolle Lade!
9. Deine Priester sollen sich bekleiden mit Gerechtigkeit,/ und deine Frommen sollen jubeln.
10. Weil David dein Knecht ist,/ weise deinen Gesalbten nicht ab!
11. Der Herr hat David geschworen,/ einen Eid, den er niemals brechen wird: »Einen Sproß aus deinem Geschlecht/ will ich setzen auf deinen Thron.
12. Wenn deine Söhne meinen Bund bewahren,/ mein Zeugnis, das ich sie lehre, dann sollen auch ihre Söhne/ auf deinem Thron sitzen für immer.«
13. Denn der Herr hat den Zion erwählt,/ ihn zu seinem Wohnsitz erkoren:
14. »Das ist für immer der Ort meiner Ruhe;/ hier will ich wohnen, ich hab' ihn erkoren.
15. Zions Nahrung will ich reichlich segnen,/ mit Brot seine Armen sättigen.

16. Seine Priester will ich bekleiden mit Heil,/ seine Frommen sollen jauchzen und jubeln.
17. Dort lasse ich Davids Macht erstarken/ und stelle für meinen Gesalbten ein Licht auf.
18. Ich bedecke seine Feinde mit Schande;/ doch auf ihm erglänzt seine Krone.«

Fürbitten

Laßt uns gemeinsam beten zu unserem Gott, der allem Lebendigem Wohnung schuf auf dieser Welt:
- Schenke uns Kraft und Mut, immer wieder mit unseren Händen nach Dir zu graben!
- Laß uns eine Stätte finden, an der wir auf alles Fassadenhafte verzichten können!
- Gewähre uns einen Ort der Ruhe, unbehelligt von Schaulustigen auf der Suche nach Gewinn!
- Laß uns alle einen Ort der lebendigen Wohnung entdecken, der uns zum geheiligten Bezirk des Lebens wird, Dir zu Ehren!
- Gib, daß wir alle am Ende unserer Tage, wenn wir unsere irdische Wohnung verlassen und nackt vor Dich hintreten, Wohnung finden bei Dir.

Vater unser

Entlassung

Der Gott,
dessen Hände
die Welt und den ganzen Kosmos
als Wohnung geschaffen haben;
er wohne in unseren Herzen
und segne uns.
Im Namen des ...

Bruno Stephan Scherer, Gott zeichnen

Begrüßung

Ich begrüße Sie, die Sie sich hier im Namen Gottes versammelt haben.
Gott sprach mit Mose im brennenden Dornbusch. Er stand Jakob im
Kampf gegenüber. Der Prophet Ezechiel sah ihn in seiner Herrlichkeit.
Er lebte im Menschen Jesus von Nazaret mitten unter uns.
Der Gott Moses, Jakobs, Ezechiels – der Gott Jesu sei bei uns in all
unseren Vorstellungen, Bildern und Träumen!

Einleitung

Heute möchte ich mit Ihnen über Gottesbilder nachdenken. Ich versuche
mir immer wieder ein Bild von Gott zu machen, an das ich mich halten
kann. Doch ich stoße an Grenzen, bin unzufrieden und spüre, daß jeder
neue Entwurf unzureichend ist. – So ähnlich geht es mir, wenn ich Bilder
von Künstlern betrachte, die Gott darstellen. Oft entdecke ich auch für
mich Neues und Anderes, aber es stört mich meistens etwas an ihnen.
Ich stelle Ihnen nach der Lesung einen Text von Bruno Stephan Scherer
vor, in dem die Aufgabe, sich ein Bild von Gott zu machen, im Mittelpunkt steht.

Gebet

Gott,
den kein Bild angemessen darstellen kann,
den keine Photographie erfassen könnte;
Gott,
der Du dem Menschen ewig gegenübertrittst,
der Du uns Dein »Mit-uns-sein« zugesagt hast;
Gott,
laß uns,
die wir um ein Bild von Dir ringen,
Deinen Geist spüren
im Miteinander

des täglichen Lebens!
Laß Dein ewiges DU
spürbar werden
im Du der anderen
zu allen Zeiten unseres Lebens! (Amen.)

Einführung in die Lesung

Wiewohl der Prophet Ezechiel um die Nicht-Abbildbarkeit Gottes weiß, wagt er ein großes Bild, das faszinierend und erschreckend zugleich ist.

Lesung: Ez 1, 26–28

Oberhalb der Platte über ihren Köpfen war etwas, das wie Saphir aussah und einem Thron glich. Auf dem, was einem Thron glich, saß eine Gestalt, die wie ein Mensch aussah. Oberhalb von dem, was wie seine Hüften aussah, sah ich etwas wie Feuer und ringsum einen hellen Schein. Wie der Anblick des Regenbogens, der sich an einem Regentag in den Wolken zeigt, so war der helle Schein ringsum. So etwa sah die Herrlichkeit des Herrn aus. Als ich diese Erscheinung sah, fiel ich nieder auf mein Gesicht. Und ich hörte, wie jemand redete.

Lied

GOTT, DU BIST ANDERS, ALS WIR DENKEN

Solo:
1. Gott, du bist anders als wir denken,
   immer wieder anders, du läßt dich nicht
   berechnen, einordnen, gebrauchen, unterbringen, aussuchen,
   vergleichen, wählen, beweisen
   durch uns Menschen, durch uns Menschen.

2. Gott, du bist anders als wir denken,
   immer wieder anders, du läßt dich
   verachten, verlachen, verleugnen, verfolgen, verdrängen,
   vergessen, verfluchen, verlassen
   durch uns Menschen, durch uns Menschen.

3. Gott, du bist anders als wir denken,
   immer wieder anders, du läßt dich
   hören, suchen, finden, fragen, rufen,
   loben, bitten, lieben
   durch uns Menschen, durch uns Menschen.

Text:	Hansen, Johannes
Musik:	Fietz, Siegfried
Rechte:	beim Verlag
Verlag, Fundort, Bestellnummer:	Abakus Schallplatten und Ulmtal Musikverlag, Barbara Fietz, Haversbach 1, 35753 Greifenstein; Nach dem Dunkel kommt ein neuer Morgen; 030
Tonträger:	Abakus Schallplatten und Ulmtal Musikverlag, Barbara Fietz, Haversbach 1, 35753 Greifenstein; LP 90030; MC 95030

Oder:

MEHR; EIN SANKTUSLIED; MEHR, MEHR, VIEL MEHR ALS UNSRE SPRACHE SAGEN KANN.

Text:	Albrecht, Alois
Musik:	Janssens, Peter
Rechte:	beim Verlag
Verlag, Fundort, Bestellnummer:	Peter Janssens Musik Verlag, Am Jägerhaus 8, 48291 Telgte; Ein Halleluja für dich, 4. Auflage 1987; 1008-1 (KA); 1008-6 (KB)
Tonträger:	Peter Janssens Musik Verlag, Am Jägerhaus 8, 48291 Telgte; Ein Halleluja für dich; 1008 (LP)
Nachdrucke:	Deutscher Katecheten-Verein (DKV), Preysingstr. 83c, 81667 München; Wellenbrecher. Lieder für den Aufbruch; ISBN 3-88207-245-8.

Oder:

NAMEN-GOTTES-LITANEI; DEIN NAME WERDE GEHEILIGT

Text:	traditional
Musik:	Recker, Christoph
Rechte:	beim Autor
Verlag:	Diözesanleitung der KLJB, Domplatz 30, 33098 Paderborn; Liedertruhe

Gedicht

GOTT ZEICHNEN

Zeichnen Sie mir Gott
verlangte der Psychotherapeut

Sie rief:
Wie kann ich zeichnen
was ich nicht gesehen
nicht gefaßt, nicht begriffen habe

Er schwieg
Sein Gesicht blieb hart

Unwirsch zog sie einen Kreis
über Blatt und Tisch:
Sonne Erde Gestirn
oder welche Kugel

Nun geben Sie ihm einen Namen
bezeichnen Sie Gott

Er ist zu groß
zu herrlich, murmelte sie
zu vollkommen-schön
Ich finde keine Worte

Denken Sie nach:
Wie lassen sich Vater und Mutter
Bruder und Schwester
Freund und Geliebter
mit einem Namen benennen

Sie verbarg ihr Gesicht
mit den Händen
und flüsterte:
DU

Bruno Stephan Scherer

Gedanken zum Gedicht

Gott zeichnen,
    auf den Begriff bringen,
    in eine Form gießen.

Dieser Aufforderung wird
Gottes Unverfügbarkeit,
Gottes Unfaßbarkeit,
seine Unbegreifbarkeit
entgegengehalten.

Dann jedoch
– der Aufforderung
nachkommend –
wird Gott gezeichnet
im Bild des Kreises.

Dies ist ein Ausweichen
in ein uraltes,
universelles Gottessymbol:
der Kreis als

Totalität,
Ganzheit,
Vollkommenheit.
Das Runde
als die natürlichste
aller Formen
ist seit alters her
heilig.
Der Kreis,
ohne Anfang und Ende,
steht für
Unendlichkeit und Ewigkeit,
für Zeitlosigkeit.
»Gott
ist ein Kreis,
dessen Zentrum überall und
dessen Umfang nirgends ist.«
    (Hermes Trismegistos)

Bringt uns
ein solches Bild
bei unserer Gottsuche voran?
Ist dieses Bild
– Gott als Kreis –
nicht zu abstrakt,
letztlich zu unverbindlich?
Es heißt: (Dtn 5,8)
»Du sollst Dir
kein Gottesbildnis machen ...«!
Keine abbildhafte Fixierung,
keine festschreibende Typisierung,
denn der Mensch kann
Gott in seiner Einzigartigkeit,
in seiner sich in der Zeit
offenbarenden Individualität
nicht
konkret und statisch,
bildhaft festschreiben.
Die Dynamik der
göttlichen Selbstmitteilung
ist nicht eingrenzbar:
Das Bilderverbot
sensibilisiert
auf die Abbildbarkeit Gottes hin;
es wird zum »Wächter
der Theo-logie«,
der Gott-Mensch-Beziehung.

Gott sichtbar,
faßbar werden zu lassen,
ist für uns
nur möglich
in Negationen:
Gott, der Unsichtbare,
    der Unfaßbare,
    der Unbegreifbare?

Beim Apostel Paulus (1 Kor 13, 12–13) lesen wir:
  »Jetzt schauen wir in einen Spiegel/
und sehen nur rätselhafte Umrisse,/
dann aber schauen wir von Angesicht zu Angesicht.
  Jetzt erkenne ich unvollkommen,/
dann aber werde ich durch und durch erkennen,/
so wie ich auch durch und durch erkannt worden bin.
  Für jetzt bleiben Glaube, Hoffnung, Liebe, diese drei;/
doch am größten unter ihnen ist die Liebe.«

Der Therapeut fordert:
Benennen Sie
Ihr Gottesbild!
Betreiben Sie
Theologie!
Reden Sie von
Gott!
Geben Sie Gott
einen Namen.

Der ER-Gott
in seiner Herrlichkeit
und vollkommenen Schönheit

bleibt unerreichbar,
distanziert,
jenseitig.

»Er war in der Welt, und
die Welt ist durch ihn geworden,
aber die Welt erkannte ihn nicht.« (Joh. 1,10)
Gott,
unsichtbar und bildlos, offenbarte sich den Menschen
im Menschen Jesus von Nazaret,
der uns lehrte,
einander zu lieben.
In Jesus, dem Christus,
als die sichtbare Gestalt Gottes
weist Gott uns selbst
auf sein Geschöpf, den Menschen, hin:
»Er ist das Ebenbild
des unsichtbaren Gottes,/
der Erstgeborene der ganzen Schöpfung.
Denn in ihm wurde alles erschaffen [...];/
alles ist
durch ihn und auf ihn hin
geschaffen.« (1 Kol 1,15 f.)

Der Weg zu Gott –
er führt über
die Menschen,
als der einzigen
von Gott signierten Ikone.
Im menschlichen Gegenüber,
in der menschlichen Liebe
ist spürbar
die liebende Wirklichkeit Gottes,
das göttliche DU.
Der Mensch ist
Wohnort Gottes.
Der Mensch –
Bild Gottes.

»Gott schuf [...] den Menschen
als sein Abbild;
als Abbild Gottes
schuf er ihn.« (Gen 1,27)

Wer den Willen Gottes erfüllt,
der ist für Jesus
Bruder und Schwester und Mutter.
Für Jesus ist Gott
konkretes Gegenüber;
– kein Symbol, sondern
Person, wesenhaft Beziehung,
Gott – unabdingbares DU.

Die Patientin, an Gott erkrankt,
wird vom Therapeuten auf das Du verwiesen.
Sie setzt den Fuß auf den Heilsweg:
Sie verbirgt – wie Mose
beim brennenden Dornbusch –
ihr Gesicht in ihren Händen
und wagt das DU.

Gott,
der uns im Menschen begegnet,
spricht:
»Laßt uns Menschen machen
als unser Abbild,
uns ähnlich.« (Gen 1,26)
Laßt uns also Menschen sein
nach seinem Abbild,
ihm ähnlich,
damit Gott
kein Fremder bleibt
unter uns,
damit kein Mensch,
der fremd
in unsere Mitte tritt,
ein Fremder bleibt.
Denn wo zwei oder drei
in Gottes Namen versammelt sind,
da ist er mitten unter ihnen. (Vgl. Mt 18,20)

Gib Gott einen konkreten Namen
– Deinen Namen!

Psalm 115

Vertraut auf den Herrn; er ist Helfer und Schild.
1. Nicht uns, O Herr, bring zu Ehren,/
   nicht uns, sondern deinen Namen,
   in deiner Huld und Treue!
2. Warum sollen die Völker sagen:
   »Wo ist denn ihr Gott?«
3. Unser Gott ist im Himmel;
   alles, was ihm gefällt, das vollbringt er.
4. Die Götzen der Völker sind nur Silber und Gold,
   ein Machwerk von Menschenhand.
5. Sie haben einen Mund und reden nicht,
   Augen und sehen nicht;
6. sie haben Ohren und hören nicht,
   eine Nase und riechen nicht;
7. mit ihren Händen können sie nicht greifen,/
   mit den Füßen nicht gehen,
   sie bringen keinen Laut hervor aus ihrer Kehle.
8. Die sie gemacht haben, sollen ihrem Machwerk gleichen,
   alle, die den Götzen vertrauen.
9. Israel, vertrau auf den Herrn!
   Er ist für euch Helfer und Schild.
10. Haus Aaron, vertrau auf den Herrn!
    Er ist für euch Helfer und Schild.
11. Alle, die ihr den Herrn fürchtet, vertraut auf den Herrn!
    Er ist für euch Helfer und Schild.
12. Der Herr denkt an uns, er wird uns segnen,/
    er wird das Haus Israel segnen,
    er wird das Haus Aaron segnen.
13. Der Herr wird alle segnen, die ihn fürchten,
    segnen Kleine und Große.
14. Es mehre euch der Herr,
    euch und eure Kinder!
15. Seid gesegnet vom Herrn,
    der Himmel und Erde gemacht hat!
16. Der Himmel ist der Himmel des Herrn,
    die Erde aber gab er den Menschen.
17. Tote können den Herrn nicht mehr loben,
    keiner, der ins Schweigen hinabfuhr.

18. Wir aber preisen den Herrn
    von nun an bis in Ewigkeit.
19. Ehre sei dem Vater und dem Sohn
    und dem Heiligen Geist,
20. wie im Anfang, so auch jetzt und alle Zeit
    und in Ewigkeit. Amen.

Fürbitten

Laßt uns gemeinsam unserem Gott in der Hoffnung, ihn eines Tages von Angesicht zu Angesicht zu schauen, unsere Bitten vortragen:
- Laß uns in all unseren Vorstellungen und Bildern Dir nahe sein!
- Laß uns, die wir nur rätselhafte Umrisse Deiner Wirklichkeit wahrnehmen, immer mehr von Dir erfahren.
- Laß alle, die ein festgefahrenes Bild von Dir fern hält, Deine lebendige, frohmachende Gegenwart erleben.
- Laß Deinen Heiligen Geist wirksam werden in uns, damit wir Kraft und Mut besitzen, Mensch zu sein nach Deinem Abbild der Liebe!

Vater unser

Entlassung

Der Gott,
der den Vätern und Müttern,
den Prophetinnen und Propheten
im Glauben erschienen ist,
der uns
in Jesus, dem Christus,
den wahren Menschen
vor Augen führte,
– er sei mit Euch
   in all Euren Bildern,
– er sei in Euch
   als Zeichen seiner Liebe.
Der Gott,
der uns gezeichnet hat,
schenke Euch seinen Segen.
Im Namen des ...

Else Lasker-Schüler, Weltende

Begrüßung

Ich begrüße Sie zu diesem Gottesdienst. Sie sind eingetreten ohne anzuklopfen. Die Tür stand Ihnen offen. Sie haben nicht läuten müssen, Sie konnten einfach hereinkommen. Jetzt sind Sie da. Erwartet, willkommen.
Gott, der sich nach uns sehnt, ER sei mit Euch!

Einleitung

Stellen Sie sich vor: Sie stehen vor einer Tür, Sie klopfen, Sie läuten, Sie warten. Sie warten lange. Sie geben die Hoffnung nicht auf, daß Ihnen jemand öffnet.
In der Liebe, in der Sehnsucht können wir das Warten lange aushalten. Vielleicht öffnet sich die Tür doch einmal: nach Stunden, Tagen, Monaten vielleicht. Dann hat sich das Warten gelohnt.
Die große deutschsprachige jüdische Dichterin Else Lasker-Schüler spricht in einem ihrer Gedichte von einer Sehnsucht, die an die Welt pocht. Ob dieser Sehnsucht je geöffnet wird, läßt sie offen. Vielleicht ist es noch nicht zu spät ...
Sie selbst starb 1945 in Jerusalem. Ihre Sehnsucht, noch einmal nach Deutschland zurückkehren zu können, erfüllte sich nicht.

Gebet

Gott,
Du Lebendiger!
Heute, gestern, morgen.
Zu oft vergessen wir Dein Dasein,
sind uns dessen nicht mehr bewußt.
Rüttle uns wach,
damit wir Deine Klopfzeichen
und Deine Spuren
in der Geschichte wahrnehmen,

die hinter uns liegt
und noch auf uns zukommt.
Laß Dein Reich Gestalt annehmen
durch Jesus, den Christus,
unseren Bruder,
in alle Ewigkeit. Amen.

Einführung in die Lesung

Wir leben in einer verrückten Situation. Da gibt es Menschen, die weinen und warten auf Gott. Sie sehnen sich zutiefst nach ihm. Und im letzten Buch der Bibel, in der Offenbarung des Johannes, finden wir ein tröstliches Wort in einem Brief an eine Gemeinde in der Verfolgung. Sie sehnt sich nach dem Wiederkommen Jesu. Der Prophet antwortet ihr in seinem Namen.

Lesung: Offb 3,19–22

Wen ich liebe, den weise ich zurecht und nehme ihn in Zucht. Mach also Ernst, und kehr um! Ich stehe vor der Tür und klopfe an. Wer meine Stimme hört und die Tür öffnet, bei dem werde ich eintreten, und wir werden Mahl halten, ich mit ihm und er mit mir. Wer siegt, der darf mit mir auf meinem Thron sitzen, so wie auch ich gesiegt habe und mich mit meinem Vater auf seinen Thron gesetzt habe. Wer Ohren hat, der höre, was der Geist den Gemeinden sagt.

Lied

AUS DER TIEFE MEINER SEHNSUCHT

1. Aus der Tiefe meiner Sehnsucht rufe ich zu dir,
   auch wenn ich satt bin, bin ich hungrig,
   still du meinen Hunger.

Refr.:
Herr, erbarme dich, nimm dich meiner Sehnsucht an,
damit sie Früchte trägt, den Tag besteht und blühen kann.

2. Aus der Tiefe meiner Sehnsucht rufe ich zu dir,
   auch wenn ich rede, bin ich sprachlos,
   gib du mir die Stimme. (Refr.)

3. Aus der Tiefe meiner Sehnsucht rufe ich zu dir,
   auch wenn ich singe, erklingt kein Lied,
   gib du mir den Gesang. (Refr.)

4. Aus der Tiefe meiner Sehnsucht rufe ich zu dir,
   auch wenn ich liebe, glüht keine Glut,
   hol du mich aus dem Tod. (Refr.)

Text:	Netz, Hans-Jürgen
Musik:	Janssens, Peter
Rechte:	M: Peter Janssens Musik Verlag, Am Jägerhaus 8, 48291 Telgte; T: tvd-Verlag GmbH, Parkstr. 20, 40477 Düsseldorf
Verlag, Fundort, Bestellnummer:	tvd-Verlag GmbH, Parkstr. 20, 40477 Düsseldorf; Exodus; 7904 (Werkheft)
Tonträger:	tvd-Verlag GmbH, Parkstr. 20, 40477 Düsseldorf Exodus; 7904 (LP/MC)

Oder:

SEI AUSSER DIR; DU GOTT, VÖLLIG AUSSER UNS

Text:	Laubach, Thomas
Musik:	Quast, Thomas
Rechte:	tvd-Verlag GmbH, Parkstr. 20, 40477 Düsseldorf
Verlag, Fundort, Bestellnummer:	AK Singles im BDKJ Köln, Marzellenstr. 32, 50668 Köln; Liedblatt 33/34, Febr. 90, Nr. 302

Oder:

ICH STEH VOR DIR, VERLASSEN UND IN NOT

Text:	Oosterhuis, Huub; Pawlowsky, Peter (deutsche Übertragung)
Musik:	Huijbers, Bernhard
Rechte:	Verlag Gooi & Sticht, NL-Hilversum; für den deutschen Sprachraum Hermann-Herder-Str. 4, 79104 Freiburg
Verlag, Fundort, Bestellnummer:	Christophorus-Verlag GmbH, Hermann-Herder-Str. 4, 79104 Freiburg; Du bist der Atem meiner Lieder. Gesänge von Huub Oosterhuis und Bernhard Huijbers; ISBN 3-419-50567-1
Bearbeitungen:	»Ich steh vor dir mit leeren Händen, Herr«; Gotteslob, Nr. 300

Oder:

AUS DER LIEBE UNSRES GOTTES

Text:	Oosterhuis, Huub; Zils, Diethard (deutsche Übertragung)
Musik:	Putt, Floris van der; Hemmerle, Bernhard
Rechte:	Verlag Gooi & Sticht, NL-Hilversum; deutscher Text: beim Autor
Verlag, Fundort, Bestellnummer:	Bischöfliches Ordinariat Limburg, Dez. Jugend, Roßmarkt 4, 65549 Limburg; Und die Nacht bleibt voll Gesang. Lieder aus Hoffnung, Lieder zur Weihnacht, 1985

Oder:
DER HIMMEL IST VERHANGEN

Text:	Willms, Wilhelm
Musik:	Heurich, Winfried
Rechte:	Studio Union im Lahn-Verlag, Postfach 15 62, 65535 Limburg;
Verlag, Fundort, Bestellnummer:	Studio Union im Lahn-Verlag, Postfach 15 62, 65535 Limburg; Rosen blühn im Stacheldraht (LP/MC); SU 9993
Tonträger:	Studio Union im Lahn-Verlag, Postfach 15 62, 65535 Limburg; Rosen blühn im Stacheldraht (LP/MC); SU 9993
Nachdrucke:	Bischöfliches Ordinariat Limburg, Dez. Jugend, Roßmarkt 4, 65549 Limburg; Aus dem Tod wächst Leben. Neue geistliche Lieder für die Fasten- und Osterzeit. Liederheft, 1987

Oder:

HÖRST DU NICHT?

Text:	Berg, Klaus
Musik:	Blarr, Oskar Gottlieb
Rechte:	beim Verlag
Verlag, Fundort, Bestellnummer:	tvd-Verlag GmbH, Parkstr. 20, 40477 Düsseldorf; Wenn der Stacheldraht blüht; 8104 (Werkheft)
Tonträger:	tvd-Verlag GmbH, Parkstr. 20, 40477 Düsseldorf; Wenn der Stacheldraht blüht; 8104 (LP/MC)
Nachdrucke:	AK Singles im BDKJ, Marzellenstr. 32, 50668 Köln; Liedblatt 19, 2/84, Nr. 164 tvd-Verlag GmbH, Parkstr. 20, 40477 Düsseldorf; Mein Liederbuch für heute und morgen; 8100.1 (Noten + Text); 8100.2 (Text)

Gedicht

WELTENDE

Es ist ein Weinen in der Welt,
Als ob der liebe Gott gestorben wär,
Und der bleierne Schatten der niederfällt,
Lastet grabesschwer.

Komm, wir wollen uns näher verbergen ...
Das Leben liegt in aller Herzen
Wie in Särgen.

Du! wir wollen uns tief küssen –
Es pocht eine Sehnsucht an die Welt,
An der wir sterben müssen.

Else Lasker-Schüler

Gedanken zum Gedicht

Das Gedicht ist traurig, von allem Anfang an! Weltende! *Es ist ein Weinen in der Welt* ... Dieses Weinen sitzt tiefer als sonst. Es hat die ganze Welt erfaßt; nicht nur einzelne. Aber nicht alle vernehmen es, hören es; vielleicht die wenigsten. Vielleicht nur die Dichterinnen und Dichter, die ihr Ohr tiefer haben – oder die Prophetinnen und Propheten, die früher sehen und hören, was schon lange da ist. Das Weinen in der Welt steigt auch in ihnen auf. Ist es Else Lasker-Schüler, die mitweint?
Das Weinen ist so stark, als »ob der liebe Gott gestorben wär«.
Eine Kinderformel: *der liebe Gott!* Formel für einen kindlichen Glauben. Wenn er zerbricht, wenn *der liebe Gott* stirbt? Wieviel Tränen, wieviel Erschütterung, wenn das, was einmal getragen hat, nicht mehr hält.
Tiefe Schatten sind auf die Welt gefallen, *bleierne Schatten*. Sie lasten auf der konkreten Geschichte mit ihrem Grauen, sie lasten auf Juden, auf Flüchtlingen ...
Bleiernschwer lastet der Gedanke an all die Lebenden in ihren Särgen. Herzverbergend nur können wir davon wegsehen oder darüber hinweggehen: über das *Weinen in der Welt,* das zum Himmel schreit.
Doch vor Auschwitz, Bergen-Belsen und Dachau können wir uns nicht verbergen. Da lag das Leben nicht einmal mehr in Särgen. Es wurde vom Rauch der Verbrennungsöfen überschattet. Vieles von diesem Leben verrauchte durch die fressenden Schlote – es verrauchte Leben damals, gräßlich viel Leben. Und diesen Rauch atmen wir heute noch mit jedem Atemzug tief in uns ein – Zug um Zug atmen wir die Luft von damals, die Auschwitzluft.
Wir erleben in unseren Tagen, daß der *bleierne Schatten* wieder niederfällt auf uns, daß der Un-Geist, der nach Auschwitz führte, nicht ausgestorben ist.
Unter uns leben Menschen, die sich in der Anonymität verbergen, die Angst haben, als Juden entdeckt zu werden: Es könnte ja wieder losgehen ...
Angst und Furcht drängt Menschen zusammen: menschliche Nähe, *tiefe Küsse.* Sie bewahren vor Einsamkeit, vor dem Gefühl, in der Gefahr allein zu sein. Vielleicht halten wir das Weinen und die Angst vor einer Welt, an der wir sterben müssen, so besser aus, weil *der liebe Gott* offenbar nicht mehr hört.
Oder doch? Die Dichterin hört auch das: eine Sehnsucht, die an die Welt pocht. Wem gehört diese Sehnsucht? Und was wäre, wenn sich die Welt dieser Sehnsucht öffnete? Ob wir dann auch sterben müssen?

Der Un-Geist von Auschwitz war der bleierne Schatten, der auf Millionen niederfiel. Die Sehnsucht nach Frieden, nach Menschlichkeit, nach Umarmung, nach Küssen ... – wenn wir uns dieser Sehnsucht öffneten, könnte diese Welt mehr sein als eine Wohnung des Todes. Und das Weinen könnte leiser werden.

Die Offenbarung des Johannes, geschrieben in einer Verfolgungszeit, ist zutiefst von der Hoffnung getragen, daß am Welt-Ende Gott selbst alle Tränen abwischen wird: »Der Tod wird nicht mehr sein, keine Trauer, keine Klage, keine Mühsal. Denn was früher war, ist vergangen.« (Offb 21,4) Aber die Bibel weiß auch: In jedem gemordeten Menschen stirbt Gott mit.

Psalm 6

(Für den Chormeister. Mit Saitenspiel nach der Achten. Ein Psalm Davids.)

2. Herr strafe mich nicht in deinem Zorn,/
   und züchtige mich nicht in deinem Grimm!
3. Sei mir gnädig, Herr, ich sieche dahin;/
   heile mich, Herr, denn meine Glieder zerfallen!
4. Meine Seele ist tief verstört./
   Du aber, Herr, wie lange säumst du noch?
5. Herr, wende dich mir zu und errette mich,/
   in deiner Huld bring mir Hilfe!
6. Bei den Toten denkt niemand mehr an dich./
   Wer wird dich in der Unterwelt noch preisen?
7. Ich bin erschöpft vom Seufzen,/
   jede Nacht benetzen Ströme von Tränen mein Bett,/
   Ich überschwemme mein Lager mit Tränen.
8. Mein Auge ist getrübt vor Kummer,/
   ich bin gealtert wegen all meiner Gegner.
9. Weicht zurück von mir, all ihr Frevler;/
   denn der Herr hat mein lautes Weinen gehört.
10. Gehört hat der Herr mein Flehen,/
    der Herr nimmt mein Beten an.
11. In Schmach und Verstörung geraten all meine Feinde;/
    sie müssen weichen und gehen plötzlich zugrunde.

Fürbitten

Lebendiger Gott! Du gabst uns die Zeit. Unaufhaltsam, wie ein Strom fließt sie dahin. Für Millionen von Unschuldigen hat dieser Strom ein grausames Ende genommen. Weil Du aber nicht ein Gott der Toten bist, sondern lebendiger Mensch, wollen wir zu Dir beten:
Belebender Gott! Wir bitten Dich für alle Getöteten. Schenke Du ihnen die Heimat, die die Welt ihnen nicht geben wollte. Laß sie das Leben erfahren, das aus Deiner Gegenwart wächst.

Weckender Gott! Mach uns hellhörig, damit wir in unserer Zeit vernehmen, wo Menschen auf der Flucht sind, gefoltert und gequält werden.

Barmherziger Gott! Laß die Kranken und Sterbenden nicht ohne die Erfahrung Deiner Nähe. Gib ihnen Geduld und Kraft, Ausdauer und Mut, die sie auf ihrem Weg brauchen.

Liebender Gott! Führe uns immer wieder neu zusammen, und stifte in uns den Geist der Menschlichkeit, der Freundschaft und des Friedens mit allen Menschen.

Gott, Du unser Vater und unsere Mutter, trockne die Tränen und lindere den Schmerz, und mache wahr, was Jesus verheißen hat: Siehe, ich stehe vor der Türe und klopfe an!
Um all das bitten wir Dich, durch ihn, den Christus, der lebt in Dir in alle Ewigkeit. (Amen.)

Vater unser

Entlassung

Barmherziger,
ewiger Gott,
zusammen mit dem
Immanuel,
dem Gott-mit-uns,
Jesus, hoffen wir,
daß der Schmerz
und die vielen Toten
Wurzeln treiben
für den Baum des Lebens,
damit das Weinen ein Ende nimmt.

So segne
und behüte uns
vor allem Unheil:
der Vater,
der Sohn und der Heilige Geist. (Amen.)

Gehet hin und bringet den Frieden!

Helga Piccon-Schultes, Ent-täuschung

Begrüßung

Auf dem Weg hierher sind Sie vielen Bildern begegnet. Augenblick um Augenblick Bilder – neue Bilder.
Jede Zeit hat ihre Bilder: Menschenbilder, Weltbilder, Gottesbilder ...
Ein Bild begegnet uns in der christlichen Überlieferung im Kreuz. Beginnen wir mit dem Zeichen des Kreuzes: Im Namen des Vater ... Der Friede Gottes sei mit Euch allen.

Einleitung

Der Blick in den Spiegel löst manchmal durchaus widersprüchliche Gefühle aus. Vor allem morgens. Bin ich wirklich der Mensch, der mich da aus dem Spiegel anblickt? Verknittert, unausgeschlafen ...? Oder abends: müde und abgespannt. Welches Bild habe ich heute abgegeben? Und wievielen Bildern, die sich andere von mir machen, bin ich begegnet? Wie oft legen sie mich fest, diese Bilder – voll von Erwartungen.
Die Bibel, das uralte Erfahrungsbuch des Menschen, warnt uns vor den Bildern: »Du sollst dir kein Gottesbild machen und keine Darstellung von irgend etwas ...« (Ex 20,4).
Also auch nicht von mir selbst. Insofern holt mich der Blick in den Spiegel immer wieder zurück. Im Spiegel zerbrechen meine Bilder. Und doch: Das bin ich – spiegelbildlich. Und das Gesicht, das mich anschaut, fragt mich: Liebst du mich?

Gebet

Gott, jenseits aller Bilder!
Oft machen wir uns Bilder voneinander,
sehnen und träumen uns
in sie hinein.
Stärke Du uns
für die Augenblicke,
in denen die Phantasiebilder

von der Wirklichkeit
überholt werden.
Deine Kraft lasse uns
fähig werden,
die Wirklichkeit zuzulassen.
Dies tun wir im Vertrauen
auf Dich,
der Du uns in Jesus
einen Menschenbruder geschenkt hast,
Dein Bild und Gleichnis
bis in Ewigkeit. (Amen.)

Einführung in die Lesung

Die Bibel kennt nur ein – gewissermaßen von Gott selbst – signiertes Bild: der Mensch. So sieht es ein Theologe ein halbes Jahrtausend vor Christus. Diese einzige Ikone Gottes ist durch kein anderes Gottesbild zu ersetzen – mag es aus noch so edlem Material sein. Jede Vergoldung nimmt Gott seine Lebendigkeit. Freuen wir uns also an uns: Wir, seine Abbilder!

Lesung: Gen 1,26–27

Dann sprach Gott: Laßt uns den Menschen machen als unser Abbild, uns ähnlich. Sie sollen herrschen über die Fische des Meeres, über die Vögel des Himmels, über das Vieh, über die ganze Erde und über alle Kriechtiere auf dem Land. Gott schuf also den Menschen als sein Abbild; als Abbild Gottes schuf er ihn. Als Mann und Frau schuf er sie.

Lied

MEINE ENGEN GRENZEN

1. Meine engen Grenzen, meine kurze Sicht bringe ich vor dich. Wandle sie in Weite. Herr, erbarme dich.
2. Meine ganze Ohnmacht, was mich beugt und lähmt, bringe ich vor dich. Wandle sie in Stärke. Herr erbarme dich.
3. Mein verlornes Zutraun, meine Ängstlichkeit, bringe ich vor dich. Wandle sie in Wärme. Herr, erbarme dich.
4. Meine tiefe Sehnsucht nach Geborgenheit, bringe ich vor dich. Wandle sie in Heimat. Herr, erbarme dich.

Text:	Eckert, Eugen
Musik:	Heurich, Winfried; Kandziora, Jürgen (Arr.)
Rechte:	Studio Union im Lahn-Verlag, Postfach 15 62, 65535 Limburg;
Verlag, Fundort, Bestellnummer:	Bischöfliches Ordinariat Limburg, Dez. Grundseelsorge, Roßmarkt 4, 65549 Limburg; Aus Liebe zum Menschen. Neue Lieder für Gottesdienst mit jungen Menschen. Medienpaket 2 mit Liederheft, Orgelsätzen, Arrangements, 1980
Tonträger:	Studio-Union im Lahn-Verlag, Postfach 15 62, 65535 Limburg; Aus Liebe zum Menschen (LP/MC); SU 9980
Nachdrucke:	AK Singles im BDKJ, Marzellenstr. 32, 50668 Köln; Liedblatt 16, 9/82, Nr. 139 Deutscher Katecheten-Verein (DKV), Preysingstr. 83 c, 81667 München; Wellenbrecher. Lieder für den Aufbruch; ISBN 3-88207-245-8.

Oder:

WAS MUSS ICH TUN, UM GOTT ZU SEHN

Text:	Netz, Hans-Jürgen
Musik:	Janssens, Peter
Rechte:	beim Verlag
Verlag, Fundort, Bestellnummer:	Peter Janssens Musik Verlag, Am Jägerhaus 8, 48291 Telgte; Der Herr ist mein Sinn; 1027-1 (KA); 1027-2 (SH)
Tonträger:	Peter Janssens Musik Verlag, Am Jägerhaus 8, 48291 Telgte; Der Herr ist mein Sinn; 1027 (LP)

Oder:

BRÜDER

Text:	Peikert-Flasphöler, Christa
Musik:	Horn, Reinhard
Rechte:	beim Verlag und Klens-Verlag, Carl-Mosterts-Platz 1, 40420 Düsseldorf
Verlag, Fundort, Bestellnummer:	Kontakte Musikverlag, Holtackerweg 26, 59558 Lippstadt; Freispruch für Eva; KON 233
Nachdrucke:	Kontakte Musikverlag, Holtackerweg 26, 59558 Lippstadt; Kontakte Songbook; 2. Auflage 1989

Gedicht

Ent-täuschung

Du bist
aus deinem Bild
geglitten

ich habe
einen Namen
geküßt

Gemaltes
umarmt

ausgewünscht
bin ich

nackt
steht
ein Buckliger
vor mir

schauäugig
weine ich

:Du

Helga Piccon-Schultes

Gedanken zum Gedicht

»Ent-täuschung«, so lautet der Titel des Gedichtes. Dieses Wort spricht in uns etwas an, das wir alle fast tagtäglich immer wieder erfahren. Wir werden enttäuscht und enttäuschen auch selber die Erwartungen, die an uns herangetragen werden. Ohne solche Erwartungen in und um uns wären solche Enttäuschungen gar nicht möglich. So ergeht es auch dem *ich* im Gedicht: Erwartungen wuchsen, bis das in den Gedanken und Wünschen gemalte Bild plötzlich leer wird: Das *Du* ist aus dem Bild geglitten. Bilder legen fest, grenzen ein und ab nach innen und außen. Veränderungen sind da nur mehr in Grenzen möglich. Das hält kein lebendiges Du aus.

Am Ende stellen wir fest, daß wir *einen Namen/ geküßt// Gemaltes/ umarmt* haben. Das Bild ist leer, zerbrochen gar. Die Enttäuschung ist vollkommen: *ausgewünscht/ bin ich*. Wozu noch Wünsche an ein Bild, das leer, an ein Gemaltes, das dem gewünschten Du nicht mehr entspricht?

Das Bild ist leer, aber *nackt/ steht/ ein Buckliger/ vor mir*. Das Du, das aus dem schönen Bild geglitten ist, hat allen Abstand gebrochen, es will Beziehung. Aber kein schöner Prinz steht da, ein Buckliger erwidert die Verehrung des Ichs, ein Nackter. Keine Kleider, die das verbergen. Verletzlich, offen steht er da. Unerwartet!

Der christliche Leser des Gedichtes wird spätestens hier an den leidenden Gottesknecht denken: »Er habe keine schöne und edle Gestalt,/ so daß wir ihn anschauen möchten ... Er wurde mißhandelt und niedergedrückt ...« (Jes 53,2.7). Und im Blick auf die Passion Jesu steht einer da, der unter den Balken des Kreuzes gebückt, *bucklig* geht und am Ende aller Kleider beraubt ist. Das ist das Zerbrechen aller Bilder. Das wollten wir nicht sehen. Wer erkennt in den durch Folter und Leid niedergedrückten Menschen noch das Bild Gottes? Sein lebendiges Du? *schauäugig/ weine ich/ : Du*. Die Küsse und Umarmungen des Ich werden abgelöst durch Tränen, in denen sich die Wirklichkeit spiegelt, die vor ihm steht: Du! Menschliches und göttliches Du – so können wir es christlich lesen – gerade vor dem Hintergrund der gehörten Lesung aus dem Buch Genesis.

Die mit großen, erschrockenen Augen wahrgenommene *(schauäugig)* Enttäuschung, die unter Tränen wahrgenommene Wirklichkeit kann letztlich, durchlitten, zur Befreiung führen. »Du sollst dir kein Bild machen«! Die Bilder sind tot. Das Bild ist der Mensch selbst, das lebendige Du, mag es noch so entstellt sein, das Dir gegenüber steht. Und die große Kraft der jüdisch-christlichen Überlieferung besteht nicht zuletzt darin, daß sie auch und gerade in den Nackten und Gebeugten noch das göttliche Du zu erkennen glaubt.

Psalm 22 (A)

1. Mein Gott, mein Gott, warum hast du mich verlassen,
   bist fern meinem Schreien, den Worten meiner Klage?
2. Mein Gott, ich rufe bei Tag, doch du gibst keine Antwort;
   ich rufe bei Nacht und finde doch keine Ruhe. –
3. Aber du bist heilig,
   du thronst über dem Lobpreis Israels.
4. Dir haben unsre Väter vertraut,
   sie haben vertraut, und du hast sie gerettet.
5. Zu dir riefen sie und wurden befreit,
   dir vertrauten sie und wurden nicht zuschanden. –
6. Ich aber bin ein Wurm und kein Mensch,
   der Leute Spott, vom Volk verachtet.
7. Alle, die mich sehen, verlachen mich,
   verziehen die Lippen, schütteln den Kopf:
8. »Er wälze die Last auf den Herrn,
   der soll ihn befreien!
9. Der reiße ihn heraus,
   wenn er an ihm Gefallen hat!«
10. Du bist es, der mich aus dem Schoß meiner Mutter zog,
    mich barg an der Brust der Mutter.
11. Von Geburt an bin ich geworfen auf dich,
    vom Mutterleib an bist du mein Gott.
12. Sei mir nicht fern, denn die Not ist nahe,
    und niemand ist da, der hilft. –
13. Ehre sei dem Vater und dem Sohn
    und dem Heiligen Geist,
14. wie im Anfang, so auch jetzt und alle Zeit
    und in Ewigkeit. Amen.

Fürbitten

Schöpferischer Gott! Im Bewußtsein, daß wir nach Deinem Bild geschaffen sind, bitten wir Dich:

Lehre uns das Staunen über das, was ist, damit wir offen werden für eine neue Sichtweise und Dich so nicht aus den Augen verlieren.

Mach uns sensibel für das neue Bild des Menschen, das uns in Jesus, unserem Bruder, begegnet ist, damit wir uns selbst in ihm erkennen.

Gib uns den Mut und die Kraft, für unsere Buckligen einzustehen gegen alle Unterdrückung, damit auch sie aufrecht gehen können.

Bewahre uns in aller Enttäuschung über unsere zerbrochenen Gottes- und Menschenbilder, und laß unsere Wünsche nach einer lebendigen Begegnung mit Dir nicht sterben.

Um das und vieles mehr bitten wir Dich und gehen nun wieder an unsere Arbeit, damit auch unser Handeln zur Erfüllung unserer Bitten beitrage durch Jesus, den Christus, unseren Bruder, der in der Einheit mit dem Heiligen Geist lebt und Leben schenkt bis in Ewigkeit. (Amen.)

Vater unser

Entlassung

Schöpferischer Gott!
Du hast den Menschen wunderbar erschaffen
nach Deinem Bild und Gleichnis.
Täglich zerstören wir dieses,
Dein Bild,
in unserer Welt.
Erschaffe uns im Geist Jesu,
des neuen Menschen,
damit wir für alle Partei ergreifen,
die niedergedrückt werden.
Darum bitten wir, durch ihn,
Bruder und Herr,
in alle Ewigkeit. (Amen.)

Geht und entdeckt im Gesicht
des Menschen das Ebenbild Gottes.
Geht und entdeckt
in Eurem eigenen Gesicht das Ebenbild Gottes.
Geht und entdeckt in den Gesichtern
Gott mitten unter uns.
Dazu segne Euch alle der barmherzige Gott: der Vater ...

Wilhelm Bruners, Verläßlich

Begrüßung

Wir träumen von einer angstfreien Welt.
In einer Welt, in der Herrschaftsstrukturen Angst machen, träumen wir von einem Leben ohne Angst. Ob diese verständlichen Träume nicht vielleicht zu kurz greifen und einen wesentlichen Aspekt der menschlichen Existenz übersehen? Wir kämen nie auf die Idee, in der Welt herumzureisen, um das Fürchten zu lernen, wie der Junge in dem bekannten Märchen, das die Brüder Grimm aufgeschrieben haben. Dieser Junge jedenfalls findet sein Glück am Ende seiner Reise. Es besteht nicht im Königreich, sondern in der Erfahrung der Angst. Am Ende hat auch er das Fürchten gelernt.
Ich lade Sie ein, mit mir darüber nachzudenken, und heiße Sie zu unserem gemeinsamen Gebet ganz herzlich willkommen im Namen unseres Gottes, des Befreiers aus Angst und Not.

Einleitung

Im Mittelpunkt unseres heutigen Zusammenseins steht eine Thematik, über die meist nicht gerne gesprochen wird, obwohl sie täglich vielerorts sehr aktuell ist.
Wilhelm Bruners hat in einem Text, den ich Ihnen nach der Lesung vorstellen werde, seine Erfahrung mit der Angst in wenigen, sehr eindringlichen und vielleicht auch überraschenden Worten beschrieben.

Gebet

Gott,
verlaß uns nicht,
wenn wir nicht wissen,
wohin:
stütze uns,
wenn unsere Füße unsicher werden und wanken,
gib uns Kraft,

damit wir weiter unseren Weg suchen
und nicht Halt machen
aus Angst.

Gott,
der Du immer zu uns stehst,
gib uns Mut
zu unseren Ängsten zu stehen
und ihre Signale aufzunehmen
als Wegweiser
zu Dir
heute und zu jeder Zeit. (Amen.)

Einführung in die Lesung

Wir hören die Geschichte eines Menschen, der auf seinem Weg an einem Punkt angekommen ist, an dem er plötzlich ganz alleine ist und nicht weiß, ob er den nächsten Schritt tun kann. Es ist die Angst, die sich ihm in den Weg stellt und ihn zögern und zweifeln läßt. Er möchte dem, was vor ihm liegt, am liebsten aus dem Weg gehen.
Jesus verläßt mit seinen Jüngern nach dem Abschiedsmahl Jerusalem und geht zum Ölberg. Es ist derselbe Weg, den David wählte, um vor seinem Sohn, der ihn verfolgt, in der Wüste Juda Zuflucht zu suchen.

Lesung: Mt 26,36–46

Darauf kam Jesus mit den Jüngern zu einem Grundstück, das man Getsemani nennt, und sagte zu ihnen: Setzt euch und wartet hier, während ich dort bete. Und er nahm Petrus und die beiden Söhne des Zebedäus mit sich. Da ergriff ihn Angst und Traurigkeit, und er sagte zu ihnen: Meine Seele ist zu Tode betrübt. Bleibt hier und wacht mit mir! Und er ging ein Stück weiter, warf sich zu Boden und betete: Mein Vater, wenn es möglich ist, gehe dieser Kelch an mir vorüber. Aber nicht wie ich will, sondern wie du willst. Und er ging zu den Jüngern zurück und fand sie schlafend. Da sagte er zu Petrus: Konntet ihr nicht einmal eine Stunde mit mir wachen? Wacht und betet, damit ihr nicht in Versuchung geratet. Der Geist ist willig, aber das Fleisch ist schwach. Dann ging er zum zweitenmal weg und betete: Mein Vater, wenn dieser Kelch an mir nicht vorübergehen kann, ohne daß ich ihn trinke, geschehe dein Wille. Als er zurückkam, fand er sie wieder schlafend, denn die Augen waren ihnen zugefallen. Und er ging wieder von ihnen mit den gleichen Worten.

Danach kehrte er zu den Jüngern zurück und sagte zu ihnen: Schlaft ihr immer noch und ruht euch aus? Die Stunde ist gekommen, jetzt wird der Menschensohn den Sündern ausgeliefert. Steht auf, wir wollen gehen! Seht, der Verräter, der mich ausliefert, ist da.

Lied

LIED VON DER ANGST

1. Ich sperre mich ein
in meine eigene Angst
mit Mauern aus Furcht und Zweifel!
Ich grab' mich tief ein
in die Unsicherheit
und warte darauf,
daß mich einer befreit!

KV.
Herr, Du gibst mir den Mut,
meine Angst zu besteh'n.
Du nimmst mir die Angst vor der Angst,
über Meere zu geh'n!

2. Ich fürchte mich nicht
vor der wirklichen Angst,
die mich oft warnt vor Unheil
Ich fürchte mich nur
vor der Sinnlosigkeit,
der Angst vor der Angst,
daß ich sie nicht durchschau!

3. Die Angst vor mir selbst
und vor meinen Ideen
verträgt sich nicht mit Hoffnung.
Ich wär' so gern' frei,
um mich selber zu sehn
und hoffe darauf,
meine Angst zu besteh'n!

Text:	Herbring, Chris
Musik:	Herbring, Chris
Rechte:	beim Verlag
Verlag, Fundort, Bestellnummer:	Chris Herbring Musik, by Chris Herbring & Gereon Denecke KULTURPROGRAMME GmbH & Co. KG, Postfach 21 03 13, 41429 Neuss; Der Weg nach Emmaus; LH 105; LZ 604
Tonträger:	Chris Herbring Musik, by Chris Herbring & Gereon Denecke KULTURPROGRAMME GMBH & Co. KG, Postfach 21 03 13, 41429 Neuss; Der Weg nach Emmaus; MC 402; LP 202

Oder:

DAS DUNKEL WIRD LICHT; ALLES, WAS AUF ERDEN LEBT

Text:	Heinemann, B.
Musik:	Heinemann, M.
Rechte:	bei den Autoren
Verlag, Fundort, Bestellnummer:	Verlag BDKJ INFORMATION, Domplatz 11, 33098 Paderborn; Diözesanarbeitsgemeinschaft musisch-kultureller Bildung im Erzbistum Paderborn (Hrsg.), Liederzeit. Neue Lieder aus dem Erzbistum Paderborn, 1990; ISBN 3-924680-04-3

Oder:

BLEIBET HIER

Text:	Bibel
Musik:	Berthier, Jacques
Rechte:	»Gesang aus Taizé« – Musik: J. Berthier, © Les Presses de Taizé
Deutsche Rechte:	Christophorus-Verlag, 79104 Freiburg
Verlag, Fundort, Bestellnummer:	Christophorus-Verlag GmbH, 79104 Freiburg; Gemeinsame Gebete 2 – Neue Gesänge aus Taizé;
Nachdrucke:	Deutscher Katecheten-Verein (DKV), Preysingstr. 83c, 81667 München; Wellenbrecher. Lieder für den Aufbruch; ISBN 3-88207-245-8. Bischöfliches Ordinariat Limburg, Dez. Jugend, Roßmarkt 4, 65549 Limburg; Aus dem Tod wächst Leben. Neue geistliche Lieder für die Fasten- und Osterzeit. Liederheft, 1987 Erzbischöfliches Generalvikariat Köln, Hauptabteilung Seelsorge, Marzellenstr. 32, 50668 Köln (Hrsg.); Kehrt um und glaubt – erneuert die Welt. Lieder und Gebete (zum 87. Deutschen Katholikentag in Düsseldorf 1982), 2. Auflage 1982

Oder:

MIR IST ANGST

Text:	Rademacher, Ulrich
Musik:	Rademacher, Ulrich; Lonquich, Heinz Martin (Satz)
Rechte:	bei den Autoren
Verlag, Fundort, Bestellnummer:	AK Singles im BDKJ, Marzellenstr. 32, 50668 Köln; Liedblatt 3, 2/78, Nr. 23

Oder:

ZWISCHEN ANGST UND HOFFNUNG

Text:	Albrecht, Alois
Musik:	Edelkötter, Ludger
Rechte:	beim Verlag
Verlag, Fundort, Bestellnummer:	Impulse Musikverlag Ludger Edelkötter, Natorp 21, 48317 Drensteinfurt; Geh mit uns; IMP 1019 (Liedheft)
Tonträger:	Impulse Musikverlag, Natorp 21, 48317 Drensteinfurt; Unterwegs ins Land der Verheißung; IMP 1008 (LP); Impulse Musikverlag Ludger Edelkötter, Natorp 21, 48317 Drensteinfurt; Geh mit uns; IMP 1019 (MC)

Oder:

WENN DER HERR DIE ANGST WEGNIMMT; HERR, AUS ANGST

Text:	Wöller, Hildegund
Musik:	Beuerle, Herbert
Rechte:	beim Verlag
Verlag, Fundort, Bestellnummer:	Gustav Bosse Verlag Regensburg; Neue geistliche Lieder
Nachdrucke:	Burckhardthaus-Laetare Verlag GmbH Offenbach/Main; J. Pfeiffer GmbH u. Co. München; Schalom. Ökumenisches Liederbuch. Hrsg. AG der Evangelischen Jugend Deutschlands

Oder:

FÜRCHTE DICH NICHT

Text:	Baltruweit, Fritz
Musik:	Baltruweit, Fritz
Rechte:	Dagmar Kamenzky Musikverlag, Grubesallee 29, 22143 Hamburg
Tonträger:	av-edition, Kanalstr. 11, 80538 München;
	Studiogruppe Baltruweit, Ein Leben lang – Lieder gegen die Angst (LP)
Nachdrucke:	AK Singles im BDKJ, Marzellenstr. 32, 50668 Köln;
	Liedblatt 30, Okt. '88, Nr. 259
	Beratungsstelle für Gestaltung von Gottesdiensten und anderen Gemeindeveranstaltungen, Eschersheimer Landstr. 565, 60431 Frankfurt/Main;
	Lieder für Kirchentage, 1987

Oder:

SEHT WELCH EIN MENSCH

Text:	Fritsch-Oppermann, Sybille
Musik:	Janssens, Peter
Rechte:	beim Verlag
Verlag, Fundort, Bestellnummer:	Peter Janssens Musik Verlag, Am Jägerhaus 8, 48291 Telgte;
	Und der Brunnen ist tief; 1058-1 (KA); 1058-2 (SH)
Tonträger:	Peter Janssens Musik Verlag, Am Jägerhaus 8, 48291 Telgte;
	Und der Brunnen ist tief; 1058 (MC)

Gedicht

Verläßlich

die Angst, deine, kommt
ist da ungefragt
kurzatmig hat dich
nicht du sie
bild dir nichts ein

fällt dich an
rücklings wächst ständig
liegt neben dem Nabel
springt dir in die Augen
zieht dir die Luft

aus der Lunge ist ein
losgelassener Hund

ist dir treu

wilhelm bruners

Gedanken zum Gedicht

Angst zu haben, ist oft
ein beschämendes Gefühl.
Die Angst überrascht uns,
verunsichert uns,
lähmt uns.
Sie ist unbestechlich,
unerbittlich.

Wir versuchen,
sie zu überspielen,
doch sie bricht
immer wieder hervor.
Wir suchen,
ihr zu entfliehen
in eine angstfreie Nische,
doch wir entkommen ihr nicht.
Sie ist Bestandteil unseres Lebens
von der Geburt bis zum Tod.

Oft glauben wir,
die Angst im Griff zu haben.
Doch spätestens,
wenn uns,
– wieder einmal unerwartet –
Angst beschleicht,
die Angst uns
im Nacken sitzt,
die Hände feucht werden,
der Angstschweiß kalt
auf unsere Stirn tritt,
müssen wir uns eingestehen,
daß wir nicht sie,
sondern sie uns
im Griff hat.

Angst ist ansteckend,
vernebelt die Sinne,
trübt den Verstand,
nimmt uns den Lebensatem,
erzeugt Panik,
macht aus Menschen
Unmenschen,
läßt für Menschen
Menschen zur Bedrohung werden.
Die Macht der Angst
chamäleonhaft,
verwandlungsfähig
ist eine tödliche Gefahr.

Wenn ich daran denke,
wozu wir aus Angst fähig sind
oder eventuell sein könnten,
bekomme ich Angst und
traue mir selbst
nicht über den Weg.

Der Text sagt:
Die Angst sei
verläßlich,
– besonders dann,
wenn wir uns verlassen fühlen
von allen Menschen.
Die Angst sei
treu,
– wie ein guter Freund,
auf den ich immer zählen kann.
Die Angst,
ein treuer Freund,
auf den Verlaß ist
– ein befremdlicher Gedanke!
Die Angst
begleitet mich
und erinnert mich daran,
wer ich wirklich bin.
Nein,
ich habe nicht
alles im Griff,
bin oft hilflos,
und die Angst
macht mich ganz klein.

Dann,
wenn die Angst
aus allen meinen Poren
dringt,
spüre ich,
daß es da etwas gibt,
das mich aufstehn läßt
– nein, nicht gegen die Angst,
sondern mit der Angst;
das mich durchatmen läßt
– nein, nicht ohne Angst,
sondern trotz meiner Angst.

Die Angst,
die mich wach rüttelt,
mir meine Schwächen zeigt,
verweist mich
auf das Wesentliche:
auf meine,
in Jesus von Nazaret
menschgewordene
Hoffnung
gegen alle Angst.

Diese Hoffnung
läßt mich die Angst
akzeptieren
und mit ihr gemeinsam
meinen Weg suchen.

Zum Glück habe ich Angst!

Psalm 18

Du führst mich hinaus ins Weite;
du machst meine Finsternis hell.
1. Ich will dich rühmen, Herr, meine Stärke,
   Herr, du mein Fels, meine Burg, mein Retter,
2. mein Gott, meine Feste, in der ich mich berge,
   mein Schild und sicheres Heil, meine Zuflucht.
3. Mich umfingen die Fesseln des Todes,
   mich erschrecken die Fluten des Verderbens.
4. In meiner Not rief ich zum Herrn
   und schrie zu meinem Gott.
5. Er griff aus der Höhe herab und faßte mich,
   zog mich heraus aus gewaltigen Wassern.
6. Er führte mich hinaus ins Weite,
   er befreite mich, denn er hatte an mir Gefallen.
7. Du, Herr, läßt meine Leuchte erstrahlen,
   mein Gott macht meine Finsternis hell.
8. Mit dir erstürme ich Wälle,
   mit meinem Gott überspringe ich Mauern.
9. Du schaffst meinen Schritten weiten Raum,
   meine Knöchel wanken nicht.
10. Darum will ich dir danken, Herr, vor den Völkern,
    ich will deinem Namen singen und spielen.

11. Ehre sei dem Vater und dem Sohn
und dem Heiligen Geist,
12. wie im Anfang, so auch jetzt und alle Zeit
und in Ewigkeit. Amen.

Fürbitten

Laßt uns Gott bitten:
- für alle, die in den dunklen Stunden ihres Lebens nicht ein noch aus wissen;
- für die, die aus Furcht keinen Schritt mehr wagen;
- für die, die mit der Angst regieren oder ihre Geschäft machen;
- für jene, die andere als Angsthasen verschreien;
- für jeden, der sich offen seine Ängste eingesteht;
- für uns alle, daß wir unsere Ängste nicht ignorieren und verleugnen, sondern sie wahrnehmen und in unser Leben einbeziehen.

Gott, zu dem wir rufen können auch in Situationen der Angst, laß in uns allen Deinen Geist aufgehen, damit wir die Mauern der Angst mit Dir überwinden lernen, in Jesus, unserem Bruder und Herrn. (Amen.)

Vater unser

Entlassung

Gott,
zu dem Israel in seiner Not rief,
zu dem Jesus betete
in seiner Angst
und auf den wir hoffen
in Stunden der Furcht;
– er schenke uns Gehör
und die Kraft seines Heiligen Geistes,
damit wir
die Mauern der Angst überspringen und
zur Stütze werden
für andere in ihrer Not.
Der befreiende Gott
– er segne uns.
Im Namen des ...

II. Unterbrechungswünsche

Werner Kallen, Unterbrechungswünsche

Begrüßung

Zum gemeinsamen Gebet haben wir uns zusammengefunden. Für viele von uns ist das regelmäßige Feiern von Gottesdiensten zur lieben Gewohnheit geworden. Wir sind vertraut mit den Liedern, mit den Gebeten, und Sie wissen um den Verlauf der Feier. Wir alle gehen davon aus, daß unser heutiges Zusammensein wie gewohnt, reibungslos, verlaufen wird.
Ich wünsche Ihnen und mir, daß unser gemeinsames Beten heute nicht reibungslos abläuft, sondern daß jeder von uns im Verlauf dieses Gottesdienstes überrascht wird, etwas frag-würdig findet und zögert, ja – vielleicht sogar mitten im Beten verstummt.
Im Reden und Schweigen, im Gewohnten und im Unerwarteten – der Herr sei mit Euch!

Einleitung

Das Beten in Sätzen, die seit der Kindheit vertraut sind, empfinden heute viele als ein »Wiederkauen von Phrasen«, zu denen sie keine Beziehung mehr herstellen können. Das Beten wird zu einem gewohnten Ablauf.
Der Text »Unterbrechungswünsche« von Werner Kallen thematisiert die Erfahrung des Betens. Aber er hört nicht auf zu beten, sondern betet weiter, getragen von einem Wunsch, einer Hoffnung, daß das Beten, durch alle Gewohnheit hindurch, ihn erreicht.

Gebet

Gott,
Du bist uns immer nahe,
wie Dein Name,
»Ich bin da«,
uns mitteilt.
Aber Du schweigst oft,
und in Deinem Schweigen

scheinst Du uns
unerträglich weit entfernt.

Gott,
den die Psalmen loben
und die Gebete verehren,
dessen Worte uns

oft so fremd sind,
wie der Himmel fern ist,
laß uns Worte finden,
in denen Du
uns nahe bist!
Laß
die alten Worte
lebendig werden
in uns!
Laß
die Worte des Gebetes
zur Brücke werden
auf dem Weg
zu Dir!
Laß uns
im Menschenwort
Dein Wort erspüren und
zu unserem Lebensatem werden!
Laß mich
mein Lebenswort
im Gotteswort
erfahren
am Morgen und am Abend
und zu jeder Stunde! (Amen.)

Einführung in die Lesung

Wir haben unsere Schwierigkeiten mit dem Beten und zweifeln manchmal am Sinn und Nutzen des Betens. Der Evangelist Lukas schreibt uns hoffnungsvolle Worte der Ermahnung und Ermunterung zum Gebet im Vertrauen auf Gott, der uns die Gabe des Heiligen Geistes als Frucht des Betens schenkt.

Lesung: Lk 11,9–13

Darum sage ich euch: Bittet, dann wird euch gegeben; sucht, dann werdet ihr finden; klopft an, dann wird euch geöffnet. Denn wer bittet, der empfängt; wer sucht, der findet; und wer anklopft, dem wird geöffnet. Oder ist unter euch ein Vater, der seinem Sohn eine Schlange gibt, wenn er um einen Fisch bittet, oder einen Skorpion, wenn er um ein Ei bittet? Wenn schon nun ihr, die ihr böse seid, euren Kindern gebt, was gut ist, wieviel mehr wird der Vater im Himmel den Heiligen Geist denen geben, die ihn bitten.

Lied

VERGISSMEINNICHT-LITANEI;
DU GOTT, VERGISSMEINNICHT

1. Du Gott, vergißmeinnicht, vergißmeinnicht,
   du mein Gott, vergißmeinnicht, vergißmeinnicht,
   du unser Gott, vergißmeinnicht, vergißmeinnicht,
   Gott mein Gott, vergißmeinnicht.

2. Du Gott meiner Kindheit, vergißmeinnicht,
   du Gott meiner Jugend, vergißmeinnicht,
   du Gott meiner ersten Liebe, vergißmeinnicht, vergißmeinnicht,
   Gott mein Gott, vergißmeinnicht.
3. Du Gott meiner Frau, vergißmeinnicht,
   du Gott meines Mannes, vergißmeinnicht,
   du Gott meiner Kinder, vergißmeinnicht, vergißmeinnicht,
   Gott mein Gott, vergißmeinnicht.
4. Du Gott meiner Träume, vergißmeinnicht,
   du Gott meiner Hoffnung, vergißmeinnicht,
   du Gott meines Trostes, vergißmeinnicht, vergißmeinnicht,
   Gott mein Gott, vergißmeinnicht.
5. Du Gott meiner blinden Augen, vergißmeinnicht,
   du Gott meiner tauben Ohren, vergißmeinnicht,
   du Gott meiner lahmen Beine, vergißmeinnicht, vergißmeinnicht,
   Gott mein Gott, vergißmeinnicht.
6. Du Gott meiner Traurigkeit, vergißmeinnicht,
   du Gott meiner Angst, vergißmeinnicht,
   du Gott meiner Verzweiflung, vergißmeinnicht, vergißmeinnicht,
   Gott mein Gott, vergißmeinnicht.
7. Du Gott meiner Einsamkeit, vergißmeinnicht,
   du Gott meiner Verlassenheit, vergißmeinnicht,
   du Gott meiner Ausweglosigkeit, vergißmeinnicht, vergißmeinnicht,
   Gott mein Gott, vergißmeinnicht.
8. Du Gott meines Hungers, vergißmeinnicht,
   du Gott meiner Wüsten, vergißmeinnicht,
   du Gott meiner Durststrecken, vergißmeinnicht, vergißmeinnicht,
   Gott mein Gott, vergißmeinnicht.
9. Du Gott von heute, vergißmeinnicht,
   du Gott von gestern, vergißmeinnicht,
   du Gott von morgen, vergißmeinnicht, vergißmeinnicht,
   Gott mein Gott, vergißmeinnicht.
10. Du Gott der kommenden Jahre, vergißmeinnicht,
    du Gott meines Alters, vergißmeinnicht,
    du Gott meiner letzten Stunden, vergißmeinnicht, vergißmeinnicht,
    Gott mein Gott, vergißmeinnicht.
11. Du Gott meiner Vollendung, vergißmeinnicht,
    du Gott meiner Seligkeit, vergißmeinnicht,
    du Gott des Himmels, vergißmeinnicht, vergißmeinnicht,
    Gott mein Gott, vergißmeinnicht.

Text:	Willms, Wilhelm
Musik:	Janssens, Peter
Rechte:	beim Verlag
Verlag, Fundort, Bestellnummer:	Peter Janssens Musik Verlag, Am Jägerhaus 8, 48291 Telgte; Ich suche einen Sinn heraus, 3. Auflage 1983; 1019-1 (KA); 1019-2 (SH)
Tonträger:	Peter Janssens Musik Verlag, Am Jägerhaus 8, 48291 Telgte; Leben wird es geben. Lieder zum Kirchentag in Frankfurt 1975. Ich suche einen Sinn heraus. Lieder zum Jugendfestival in Trier 1975; 1018/19 (MC)

Oder:

NAMEN-GOTTES-LITANEI; DEIN NAME WERDE GEHEILIGT

Text:	traditional
Musik:	Recker, Christoph
Rechte:	beim Autor
Verlag, Fundort, Bestellnummer:	Diözesanleitung der KLJB, Domplatz 30, 33098 Paderborn; Liedertruhe

Gedicht

Unterbrechungswünsche

hin und wieder
ein stocken
im siegeshallel

ab und zu
ein stutzen
beim psalmieren

gelegentlich
ein stottern
inmitten der litanei

hin und wieder
ein schweigen

ab und zu
eine träne

gelegentlich
ein fragen

dann und wann
ein eigenes wort
in all den geborgten sätzen

hin und wieder
ein bißchen erde
zwischen dem geölten himmel!

Werner Kallen

Gedanken zum Gedicht

Wir singen, oft siegessicher, unser Halleluja.
Wir beten immer wieder unsere Psalmen.
Wir sagen täglich unsere Litanei auf.

Oft sind es
gedankenverloren-dahergesagte Worte.
Wir tauchen ein
in den Rhythmus der Gebetszeiten.

Doch dieses Eintauchen wird oft
zum Untertauchen,
zum Mitschwimmen
– einfach, bequem, angenehm.
Wir verlieren uns
im Fluß der Worte.

Aus diesem Grund
mein Wunsch:
ein stocken im siegeshallel,
ein stutzen beim psalmieren,
ein stottern inmitten der litanei.

Urplötzlich
zum Schweigen verdammt zu sein,
mitten im Fluß der Worte.
Unerwartet
vor Dir zu stehen,
aller Worthülsen beraubt.
Unvorbereitet
mein Denken und Handeln,
mein Wort und meine Tat
verwandelt zu sehen
in ein einziges Stammeln,
Zittern und Wanken.
Ich selbst,
eine einzige Frage:
nach Dir,
nach mir.

Mein Wunsch:
Dann und wann
möchte ich finden
zwischen all den
von Kindheit an eingeflößten,
auswendig gelernten Worten,
zwischen all den übernommenen Theorien,
Thesen und Axiomen

– möchte ich finden
ein einziges Wort von mir:
mein eigenes Wort,
mich selbst.

Mein Hoffnungswunsch:
Ein Wort soll werden
zum Sand im Getriebe
des allseitsgeölten Himmels!
Eine Silbe soll werden
zum Unterbrechungskorn,
das den Stromlauf hemmt!
Dieses geerdete Wort ist
meine einzige Hoffnung,
weitab vom allseitsgeölten Worthimmel
innezuhalten,
im Unterbrechungskorn
zu finden
mein Gotteswort,
geerdet in mir.
Mich selbst,
mein Leben,
zu finden
in Ihm,
meinem
ewigen
DU.

Psalm 65

Der Herr krönt das Jahr mit seinem Segen.
1. Dir gebührt Lobgesang, Gott, auf dem Zion,
   dir erfüllt man Gelübde.
2. Du erhörst die Gebete:/
   Alle Menschen kommen zu dir
   unter der Last ihrer Sünden.
3. Unsre Schuld ist zu groß für uns,
   du wirst sie vergeben.
4. Wohl denen, die du erwählst und in deine Nähe holst,
   die in den Vorhöfen deines Heiligtums wohnen.

5. Wir wollen uns am Gut deines Hauses sättigen,
   am Gut deines heiligen Tempels.
6. Du vollbringst erstaunliche Taten,
   erhörst uns in Treue, du Gott unsres Heiles,
7. Du Zuversicht aller Enden der Erde,
   und der fernsten Gestade.
8. Du gründest die Berge in deiner Kraft,
   du gürtest dich mit Stärke.
9. Du stillst das Brausen der Meere,
   das Brausen ihrer Wogen, das Tosen der Völker.
10. Alle, die an den Enden der Erde wohnen,/
    erschauern vor deinen Zeichen;
    Ost und West erfüllst du mit Jubel.
11. Du sorgst für das Land und tränkst es;
    du überschüttest es mit Reichtum.
12. Der Bach Gottes ist reichlich gefüllt,
    du schaffst ihnen Korn; so ordnest du alles.
13. Du tränkst die Furchen, ebnest die Schollen,
    machst sie weich durch Regen, segnest ihre Gewächse.
14. Du krönst das Jahr mit deiner Güte,
    deinen Spuren folgt Überfluß.
15. In der Steppe prangen die Auen,
    die Höhen umgürten sich mit Jubel.
16. Die Weiden schmücken sich mit Herden,/
    die Täler hüllen sich in Korn.
    Sie jauchzen und singen.
17. Ehre sei dem Vater und dem Sohn
    und dem Heiligen Geist,
18. wie im Anfang, so auch jetzt und alle Zeit
    und in Ewigkeit. Amen.

Fürbitten

Laßt uns beten um Worte des Fragens und Staunens, der Hoffnung und Liebe, daß sie bei uns auf guten Boden fallen und Wurzeln schlagen in unseren Herzen!
- Laß uns wieder über die in ihrer Alltäglichkeit fremdgewordenen Worte staunen und ihren verborgenen Sinn erspüren!
- Laß die Gebete, die wir sprechen, zur Anfrage an unser Leben werden!
- Laß uns im Schweigen zurückfinden zu Deinen Worten des Lebens!

– Laß Wortbrücken entstehen, die uns aus dem tödlichen Kreislauf der Gebetsmühlen tragen und zur Lebensbrücke werden in uns!

Vater unser

Entlassung

Gott,
der uns am Sinai
als der »Ich-bin-da«
seine Liebe verkündete,
der in Jesus
mitten unter uns lebte
und durch den Heiligen Geist
unsere Herzen sprechen läßt
– er segne uns
im Namen des dreieinigen Gottes,
des Vaters, des Sohnes und des Heiligen Geistes!

Silja Walter, Oration

Begrüßung

Zu Gebet und Meditation sind wir zusammengekommen. Für eine kleine Zeit unterbrechen wir den Strom des Tuns und hören, singen, beten ...
Dazu begrüße ich Sie alle sehr herzlich.
In der Offenbarung des Johannes steht das Wort: »Ich stehe vor der Tür und klopfe an, wer meine Stimme hört und die Tür öffnet, bei dem werde ich eintreten ...« (Offb 3,20).
Der Herr sei mit Euch!

Einleitung

Beten – das ist für viele Menschen heute vertane Zeit, unproduktive Zeit! Und zu wem beten? Gott scheint unerreichbar – oder unbeeinflußbar – oder nicht existent. Was soll's also? In Gottesferne und Gottesschweigen läßt sich schlecht beten.
In diesem Gottesdienst werden wir mit einem Gedicht konfrontiert, das aus der Erfahrung der Gottesnähe geschrieben ist. Eine Gottverliebte, Silja Walter, hört auf zu beten, weil der Adressat ihres Betens ganz und gar da ist: eine Mystikerin also? In einer Zeit, in der mehr Gottlosigkeit als Gott-Nähe erfahren wird, ist das gewiß eine Provokation. Es kann sehr heilsam sein, sich dieser Herausforderung zu stellen und uns selbst zu fragen: Wie nah oder fern erfahre ich Gott? Wo »besucht« er mich in meinem Leben?
Jedenfalls kennen auch in unserer Zeit Menschen den »Überfall« Gottes – und bringen ihn ins Wort, in dichterische Worte.

Gebet

Gott,
der Du bist und der Du warst
und der Du kommen wirst.
Sie sagen: Du bist der
Ferne. Aber es gibt Zeiten
in meinem Leben, da überfällt
mich ein Schatten von Licht,
ein Erkennen,
ein tiefes Wissen,
das mir keiner ausreden kann.

Es gibt Augenblicke, die
sind unbeschreiblich,
Da fühle ich mich geborgen,
angenommen, beschützt.
Da brauche ich kein
Wort, kein Gebet mehr zu sagen.

Da weiß ich nur das
eine: Du bist da,
naher, ferner Gott!
Dir danke ich durch
Jesus, Bruder und Herr
in alle Ewigkeit. (Amen.)

Einführung in die Lesung

Oft fehlen uns die richtigen Worte im Umgang miteinander. Wieviel mehr trifft das zu im Sprechen mit Gott, der unzugänglichen Wirklichkeit – im Licht! Gott ist nur über die Sprache der Liebe zu erreichen. Die aber ist die Sprache der Poesie.
Beten ist die Sprache der Poesie, der besten Worte, die Menschen finden. Beten ist poetische Sprache der Liebe. Das schließt Fragen, Bitten, (An-)Klagen nicht aus, sondern ein. Je mehr ich einen Menschen liebe, um so mehr stellt sich die Sprache zwischen uns ein. Je tiefer wir uns auf Gott einlassen, um so mehr beginnt der Geist in uns zu sprechen. Die Klage des Geistes in uns treibt die richtigen poetischen Worte aus uns heraus – oder er läßt uns verstummen vor dem Geheimnis Gottes. Von dieser Verborgenheit und Größe des Gebetes schreibt der Apostel Paulus der Gemeinde in Rom.

Lesung: Röm 8, 26–30

So nimmt sich auch der Geist unserer Schwachheit an. Denn wir wissen nicht, worum wir in rechter Weise beten sollen; der Geist selbst tritt jedoch für uns ein mit Seufzen, das wir nicht in Worte fassen können. Und Gott, der die Herzen erforscht, weiß, was die Absicht des Geistes ist: Er tritt so, wie Gott es will, für die Heiligen ein. Wir wissen, daß Gott bei denen, die ihn lieben, alles zum Guten führt, bei denen, die nach seinem ewigen Plan berufen sind; denn alle, die er im voraus erkannt hat, hat er auch im voraus dazu bestimmt, an Wesen und Gestalt seines Sohnes teilzuhaben, damit dieser der Erstgeborene von vielen Brüdern sei. Die aber, die er vorausbestimmt hat, hat er auch berufen, und die er berufen hat, hat er auch gerecht gemacht; die er aber gerecht gemacht hat, die hat er auch verherrlicht.

Lied

GOTT AUF DER SPUR

Refr.: Wo find ich nur von Dir, Gott, eine Spur?
Wie kann ich Dich spüren? Wie willst Du mich führen?
Wo bist Du?

1. Im Fühlen und Denken, so willst Du uns lenken.
2. Im Lachen, in Freuden, im Weinen, in Leiden
3. Im Helfen, im Heilen, im Stützen, im Teilen.
4. Man kann es versäumen, im Wachsein, im Träumen.
5. Du kannst Dich uns zeigen im Reden, im Schweigen.
6. Wenn wir uns verstehen, den andern auch sehen.
7. Wenn wir uns vertragen und nur Gutes sagen.
8. Wenn wir uns berühren, dann können wir spüren.
9. Durch Sonne und Regen gibst Du Deinen Segen.
10. Du willst bei uns sein im Brot und im Wein.
11. Du legst Deine Spur in Mensch und Natur.

Text:	Henneböle, Bernward; Henneböle, Cornelia
Musik:	Henneböle, Bernward; Henneböle, Cornelia
Rechte:	bei den Autoren
Verlag, Fundort, Bestellnummer:	Verlag BDKJ INFORMATION, Domplatz 11, 33098 Paderborn; Diözesanarbeitsgemeinschaft musisch-kultureller Bildung im Erzbistum Paderborn (Hrsg.), Liederzeit. Neue Lieder aus dem Erzbistum Paderborn, 1990; ISBN 3-924680-04-3

Oder:

WENN DAS BROT, DAS WIR TEILEN

Text:	März, Claus Peter
Musik:	Grahl, Kurt
Rechte:	bei den Autoren
Verlag, Fundort, Bestellnummer:	St. Benno-Verlag GmbH, Thüringer Str. 1-3, 04179 Leipzig
Bearbeitungen:	AK Singles im BDKJ, Marzellenstr. 32, 50668 Köln; Liedblatt 14/15, Nr. 112; Deutscher Katecheten-Verein (DKV), Preysingstr. 83c, 81667 München; Wellenbrecher. Lieder für den Aufbruch; ISBN 3-88207-245-8. Bischöfliches Ordinariat Limburg, Dez. Jugend, Roßmarkt 4, 65549 Limburg; Aus dem Tod wächst Leben. Neue geistliche Lieder für die Fasten- und Osterzeit. Liederheft, 1987 Kolping-Diözesanverband Würzburg e. V., Sedanstr. 25, 97082 Würzburg; Troubadour für Gott Erzbischöfliches Generalvikariat Köln, Hauptabteilung Seelsorge, Marzellenstr. 32, 50668 Köln (Hrsg.); Kehrt um und glaubt - erneuert die Welt. Lieder und Gebete (zum 87. Deutschen Katholikentag in Düsseldorf 1982), 2. Auflage 1982

	(Anm. der Hrsg.: Sämtliche Veröffentlichungen unter »Bearbeitungen« stützen sich auf den Abdruck in AK Singles, Liedblatt 12, der jedoch nach einer Niederschrift des gehörten Liedes gesetzt wurde und einige vom Komponisten nicht autorisierte Veränderungen in der Melodie enthält. Der Abdruck dieser Fassung ist daher nicht gestattet.)
Nachdrucke:	Bischöfliches Ordinariat Graz-Seckau, Sektion Kirchenmusik, und Diözesankommission für Liturgie (Hrsg.); Kurt Grahl: Gott, singe mich, ich will dein Lied sein. Neue geistliche Lieder; 1991 (Manuskriptdruck)

Oder:

ICH SUCHTE MEINEN GOTT

Text:	unbekannt; (aus einem KZ in Sibirien)
Musik:	Heurich, Winfried
Rechte:	Studio Union im Lahn-Verlag, Postfach 15 62, 65535 Limburg
Verlag, Fundort, Bestellnummer:	»Rosen blühn im Stacheldraht«, U 9993
Nachdrucke:	Studio Union im Lahn-Verlag, Postfach 15 62, 65535 Limburg; Bischöfliches Ordinariat Limburg, Dez. Jugend, Roßmarkt 4, 65549 Limburg; Aus dem Tod wächst Leben. Neue geistliche Lieder für die Fasten- und Osterzeit. Liederheft, 1987

Oder:

DEIN WORT; ES KOMMT DIE ZEIT

Text:	Zenetti, Lothar
Musik:	Wegener, Paul
Rechte:	bei den Autoren
Verlag, Fundort, Bestellnummer:	Verlag BDKJ INFORMATION, Domplatz 11, 33098 Paderborn; Diözesanarbeitsgemeinschaft musisch-kultureller Bildung im Erzbistum Paderborn (Hrsg.), Liederzeit. Neue Lieder aus dem Erzbistum Paderborn, 1990; ISBN 3-924680-04-3

Gedicht

ORATION

Lasset uns beten
nein
nie mehr
nicht beten
auch nicht an
Weihnachten
nie mehr
ich bin nämlich
gestorben

weißt du
mein Schöpfer
Geliebter
du weißt es
ich starb
das weißt du
am besten
es ist aus
mit dem Beten

etwas anderes
etwas ganz anderes ist
dein immer
Türauf
und

Hereinkommen
von Ewigkeit
zu Ewigkeit
Amen
Silja Walter

Gedanken zum Gedicht

Eine Oration?
Ein Gebet?
Die vertrauten
Formeln: *Lasset
uns beten*
und
*von Ewigkeit
zu Ewigkeit
Amen!*
Und dazwischen?
Das *Nein* erfolgt
unmittelbar!
Ein Plädoyer
gegen das Gebet?
*nein
nie mehr
nicht mehr
nicht beten
auch nicht
nie mehr*
fünffach das Nein

*von Ewigkeit
zu Ewigkeit
Amen*
bin ich geneigt
formelhaft hinzuzufügen:
nie mehr, nicht mehr beten,
auch nicht an Weihnachten,
am Geburtstag also,
wo es doch allen
Grund zu beten gäbe
– *auch nicht an Weihnachten,*

denn *ich bin nämlich
gestorben.*
Das Ende rückt also
an den Anfang:
Weihnachten ... ich bin
gestorben ...

Die Sprache des Gedichtes
ist stammelnd
sich wiederholend
fast atemlos

Die Sprache der Verliebten
sucht nach Worten
*weißt du
du weißt es
das weißt du
mein Schöpfer
Geliebter ...*

Geliebter:
das Wort trägt,
läßt ahnen, warum es mit dem
Beten aus ist.

Die Geliebte –
»stark wie der
Tod ist die Liebe« –,
die Geliebte
ist gestorben vor
Liebe –,
im Tod hört das
Beten auf.

In den Geliebten
ist sie hinein-
gestorben,
hineingefallen in
den,
der *Türauf
und Hereinkommen*
ist sein Name –
in der
Vereinigung
hört das Beten auf.
Eine Oration,
ein Gebet
sucht Beziehung,
sucht Nähe
zum Fernen,
den die Himmel
nicht fassen können.
Aber wenn er da
ist?
»Ich stehe vor
der Tür und klopfe an.
Wer meine Stimme hört
und die Tür öffnet,
bei dem werde ich eintreten,
und wir werden Mahl halten,
ich mit ihm und er mit mir.«
(Offb 3,20)
Die Heilige Hochzeit der
Mystiker: Teresa,
Johannes v. Kreuz,
Hildegard, Katherina v. Siena.
Sie gingen und gingen
und beteten,
bis er kam, *Türauf und
Hereinkommen.*
Da hörte das Beten auf
und die Zeit;
da bewirkten sie die Ewigkeit
*von Ewigkeit zu
Ewigkeit.*

Das Gedicht
endet gebethaft,
formelhaft.
Es scheint nur so.
Die Formel
ist geronnene
Erfahrung: In der
Liebe hören Gebet
und Zeit auf.
Da ist grenzenlose
Ewigkeit.
Liebende erfahren
das für den
Bruchteil einer
Ewigkeit ...

Die Provokation
dieses Textes
liegt darin,
daß er
von einem Menschen
unserer Tage
geschrieben ist.

Unsere Tage sind
Gott-such-Tage.
Das Finden scheint
dem religiösen Menschen
heute weniger gegeben.
Er ist mißtrauisch ...
Menschen, die Gott-
verliebt gefunden
haben;
es wird nicht viele
geben.

Für sie alle ist
der Text eine
Provokation.
Gut, daß es
dieses Gedicht
für uns gibt.

Psalm 139

1. Herr, du hast mich erforscht und du kennst mich./
Ob ich sitze oder stehe, du weißt von mir.
Von fern erkennst du meine Gedanken.
2. Ob ich gehe oder ruhe, es ist dir bekannt;
du bist vertraut mit all meinen Wegen.
3. Noch liegt mir das Wort nicht auf der Zunge –
du, Herr, kennst es bereits.
4. Du umschließt mich von allen Seiten
und legst deine Hand auf mich. –
5. Zu wunderbar ist für mich dieses Wissen,
zu hoch, ich kann es nicht begreifen.
6. Wohin könnte ich fliehen vor deinem Geist,
wohin mich vor deinem Angesicht flüchten?
7. Steige ich hinauf in den Himmel, so bist du dort;
bette ich mich in der Unterwelt, bist du zugegen.
8. Nehme ich die Flügel des Morgenrots
und lasse mich nieder am äußersten Meer,
9. auch dort wird deine Hand mich ergreifen
und deine Rechte mich fassen.
10. Würde ich sagen: »Finsternis soll mich bedecken, /
statt Licht soll Nacht mich umgeben«,
auch die Finsternis wäre für dich nicht finster,
11. die Nacht würde leuchten wie der Tag,
die Finsternis wäre wie Licht. –
12. Denn du hast mein Inneres geschaffen,
mich gewoben im Schoß meiner Mutter.
13. Ich danke dir, daß du mich so wunderbar
gestaltet hast.
Ich weiß: Staunenswert sind deine Werke.
14. Als ich geformt wurde im Dunkeln,/
kunstvoll gewirkt in den Tiefen der Erde,
waren meine Glieder dir nicht verborgen.
15. Deine Augen sahen, wie ich entstand;
in deinem Buch war schon alles verzeichnet;
16. meine Tage waren schon gebildet,
als noch keiner von ihnen da war.
17. Wie schwierig sind für mich, o Gott, deine Gedanken,
wie gewaltig ist ihre Zahl!

18. Wie wollte ich sie zählen, es wären mehr als der Sand.
    Käme ich bis zum Ende, wäre ich noch immer bei dir. –
19. Erforsche mich, Gott, und erkenne mein Herz,
    prüfe mich und erkenne mein Denken!
20. Sieh her, ob ich auf dem Weg bin, der dich kränkt,
    und leite mich auf dem altbewährten Weg! –
21. Ehre sei dem Vater und dem Sohn
    und dem Heiligen Geist,
22. wie im Anfang, so auch jetzt und alle Zeit
    und in Ewigkeit. Amen.

Fürbitten

Um Gottes Geist laßt uns beten, damit er uns seine Sprache lehrt.
- Die richtigen Worte laß uns finden, um Dir unsere Not vorzutragen, unsere Ängste und Verlassenheiten.
- Hoffnungsvolle Worte laß uns finden, damit wir nicht der Verzweiflung Raum geben und der Mutlosigkeit.
- Glaubende Worte laß uns finden, damit wir nicht an Äußerlichkeiten ersticken und der Macht der Fakten unterliegen.
- Liebende Worte laß uns finden, damit wir Dich an Deinen Namen erinnern: Gott des Lebens und der Erlösung.

Schweigend laß uns Deine Nähe erfahren, und bewahre uns in Deiner Wahrheit und Deinem Licht in Jesus, dem Christus, in Ewigkeit.

Vater unser

Entlassung

Gott, dessen Geist in Euch redet, bittet
und dankt ihm – er segne Euch!
Gott, dessen Geist Euch Worte
der Liebe und Poesie eingibt – er segne Euch!
Gott, dessen Geist Euch Schweigen
läßt in seinem Geheimnis – er segne Euch!
Der Vater, der Sohn, der Heilige Geist. (Amen.)

Josef Reding, zweitausend jahre

Begrüßung

Beziehungen spielen in unserem Leben eine ganz entscheidende Rolle.
Über unsere Beziehung zu Jesus, den wir den Christus nennen, den Gesalbten, wollen wir uns in diesem Gottesdienst Gedanken machen.
Dazu begrüße ich Sie: Gott, der uns Vater und Mutter ist, sei mit Euch!

Einleitung

Eine Beziehung lebt von der Zeit und den Gesprächen, die wir füreinander aufbringen. Wieviel Zeit nimmt Jesus in meinem Leben ein? Wer ist er für mich: Bruder? Freund? Fremder gar?
Welche Beziehung habe ich zu IHM?
Der Schriftsteller Josef Reding beschreibt in einem seiner Gedichte die Geschichte einer Jesus-Entziehung, nicht einer Jesus-Beziehung. Wir übten Verrat an dieser Jesus-Beziehung, sagt er. Manch einem mag dieser Text nicht entsprechen. Dennoch bleibt an uns Christenmenschen die Frage aktuell bestehen: Erzählt mein Leben von IHM? Von seinem Leben?

Gebet

Laßt uns beten:
Barmherziger Gott –
wir sind unterwegs
Tag für Tag,
Dich suchend,
voller Fragen,
resigniert,
traurig oft.
Deswegen bitten wir Dich:
Entferne Dich nicht
von uns,
auch wenn wir
Deine Wege
nicht gegangen sind.
Begleite uns
auf unseren Suchwegen
und laß uns
nicht ohne Dich gehen.
Vielmehr sei bei uns
mit Jesus,
dem Christus,
unserem Bruder,
der lebt und Leben schenkt
von Ewigkeit zu Ewigkeit. (Amen.)

Einführung in die Lesung

Auch die Bibel kennt Ent-ziehungs-Geschichten. Jona z. B. will sich Gott immer wieder entziehen. Manchmal scheint sich auch Gott zu entziehen.
Als Jesus gekreuzigt wurde, hatte er sich den Hoffnungen der Jünger entzogen. Sie fühlten sich von IHM im Stich gelassen. Traurig entfernen sich zwei von ihnen von Jerusalem, dem Ort ihrer Enttäuschung. Unterwegs begegnet diesen beiden ein Fremder. Die Geschichte einer neuen Beziehung beginnt. Sie ist bis heute nicht zu Ende geschrieben.

Lesung: Lk 24,13–35

Am gleichen Tag waren zwei von den Jüngern auf dem Weg in ein Dorf namens Emmaus, das sechzig Stadien von Jerusalem entfernt ist. Sie sprachen miteinander über all das, was sich ereignet hatte. Während sie redeten und ihre Gedanken austauschten, kam Jesus hinzu und ging mit ihnen. Doch sie waren wie mit Blindheit geschlagen, so daß sie ihn nicht erkannten. Er fragte sie: Was sind das für Dinge, über die ihr auf eurem Weg miteinander redet? Da blieben sie traurig stehen, und der eine von ihnen – er hieß Kleopas – antwortete ihm: Bist du so fremd in Jerusalem, daß du als einziger nicht weißt, was in diesen Tagen dort geschehen ist? Er fragte sie: Was denn? Sie antworteten ihm: Das mit Jesus von Nazaret. Er war ein Prophet, mächtig in Wort und Tat vor Gott und dem ganzen Volk. Doch unsere Hohenpriester und Führer haben ihn zum Tod verurteilt und ans Kreuz schlagen lassen. Wir aber hatten gehofft, daß er der sei, der Israel erlösen werde. Und dazu ist heute schon der dritte Tag, seit dem das alles geschehen ist. Aber nicht nur das: Auch einige Frauen aus unserem Kreis haben uns in große Aufregung versetzt. Sie waren in der Frühe beim Grab, fanden aber seinen Leichnam nicht. Als sie zurückkamen, erzählten sie, es seien ihnen Engel erschienen und hätten gesagt, er lebe. Einige von uns gingen dann zum Grab und fanden alles so, wie die Frauen es gesagt hatten; ihn selbst aber sahen sie nicht. Da sagte er zu ihnen: Begreift ihr denn nicht? Wie schwer fällt es euch, alles zu glauben, was die Propheten gesagt haben. Mußte nicht der Messias all das erleiden, um so in seine Herrlichkeit zu gelangen? Und er legte ihnen dar, ausgehend von Mose und allen Propheten, was in der gesamten Schrift über ihn geschrieben steht. So erreichten sie das Dorf, zu dem sie unterwegs waren. Jesus tat, als wolle er weitergehen, aber sie drängten ihn und sagten: Bleibe doch bei uns; denn es wird bald Abend, der Tag hat sich schon geneigt. Da ging er mit hinein, um bei ihnen zu bleiben. Und als er mit ihnen bei Tisch war, nahm er das Brot, sprach den Lobpreis, brach das Brot und gab es ihnen. Da gingen ihnen die Augen auf, und sie erkannten ihn; dann sahen sie ihn nicht mehr. Und sie sagten zueinander: Brannte uns nicht das Herz in der Brust, als er unterwegs mit uns redete und uns den Sinn der Schrift erschloß? Noch in derselben Stunde brachen sie auf und kehrten nach Jerusalem zurück, und sie fanden die Elf und die anderen Jünger versammelt. Diese sagten: Der Herr ist wirklich auferstanden und ist dem Simon erschienen. Da erzählten auch sie, was sie unterwegs erlebt und wie sie ihn erkannt hatten, als er das Brot brach.

Lied

ES GEHT NICHT AN

1. Es geht nicht an,
   daß Gott Mensch wird
   und alles bleibt wie es ist.
   Es geht nicht an,
   daß Gott Mensch wird
   und kein Mensch läßt ihn ein.
2. Es geht nicht an,
   daß Gott Mensch wird
   und kein Mensch wird anders.
   Es geht nicht an,
   daß Gott Mensch wird
   und die Welt geht ihren Gang.
3. Es geht nicht an,
   daß Gott Mensch wird
   und Kinder weinen noch immer.
   Es geht nicht an,
   daß Gott Mensch wird
   und Menschen abseits stehen müssen.
4. Es geht nicht an,
   daß Gott Mensch wird
   und keinem Menschen geht ein Licht auf.
5. Es geht nicht an,
   daß Gott Mensch wird
   und alles bleibt wie es ist.
   Es geht nicht an,
   daß Gott Mensch wird
   und alles bleibt wie es ist.

Text:	Schaube, Werner
Musik:	Herbring, Chris
Rechte:	beim Verlag
Verlag, Fundort, Bestellnummer:	Chris Herbring Musik, by Chris Herbring & Gereon Denecke KULTURPROGRAMME GMBH & Co. KG, Postfach 21 03 13, 41429 Neuss; Wir öffnen unsere Herzen; LZ 601
Tonträger:	Chris Herbring Musik, by Chris Herbring & Gereon Denecke KULTURPROGRAMME GMBH & Co. KG, Postfach 21 03 13, 41429 Neuss; Wir öffnen unsere Herzen; MC 404

Oder:

KOMMT GOTT ALS MENSCH

Text:	Trautwein, Dieter
Musik:	Neubert, Gottfried; Seminargruppe Frankfurt Main
Rechte:	beim Verlag
Verlag, Fundort, Bestellnummer:	Burckhardthaus-Laetare Verlag GmbH, Schumannstr. 161, 63069 Offenbach/Main; Gott schenkt Freiheit
Nachdruck:	KJG-Verlag GmbH, 40420 Düsseldorf; KJG Songbook 2, 6. Auflage 1991; Bischöfliches Ordinariat Limburg, Dez. Jugend, Dez. Grundseelsorge, Roßmarkt 4, 65549 Limburg; Und die Nacht bleibt voll Gesang. Lieder aus Hoffnung, Lieder zur Weihnacht, 1980; J. Pfeiffer GmbH & Co. München; Burckhardthaus-Laetare Verlag GmbH (s. Verlag); Schalom. Ökumenisches Liederbuch. Hrsg. AG der Evangelischen Jugend Deutschlands; Bischöfliches Jugendamt Würzburg, Jugend St. Burkard (Hrsg.), 97082 Würzburg; Singt dem Herrn ein neues Lied. Neue Lieder für den Gottesdienst. Teil 1 + 2, 1970; Kolping-Diözesanverband Würzburg e. V., 97082 Würzburg; Troubadour für Gott

Oder:

GOTT, DU BIST EIN GOTT DES FEUERS

Text:	Recker, Christoph
Musik:	aus Frankreich (Est-il bonheu notre faime)
Rechte:	beim Autor
Verlag, Fundort, Bestellnummer:	Verlag BDKJ INFORMATION, Domplatz 11, 33098 Paderborn; Diözesanarbeitsgemeinschaft musisch-kultureller Bildung im Erzbistum Paderborn (Hrsg.), Liederzeit. Neue Lieder aus dem Erzbistum Paderborn, 1990; ISBN 3-924680-04-3

Oder:

GEBT RAUM DEM WORT

Text:	Reding, Josef
Musik:	Herbring, Chris
Rechte:	Chris Herbring Musik, by Chris Herbring & Gereon Denecke KULTUR

Verlag, Fundort,	
Bestellnummer:	Chris Herbring Musik, by Chris Herbring & Gereon Denecke KULTURPROGRAMME GMBH & Co. KG, Postfach 210313, 41429 Neuss; Lebendiger Gott; LH 103
Tonträger:	Chris Herbring Musik, by Chris Herbring & Gereon Denecke KULTURPROGRAMME GMBH & Co. KG, Postfach 210313, 41429 Neuss; Lieder Beten; MC 403; MC 503 (Playback)
Nachdrucke:	Chris Herbring Musik, by Chris Herbring & Gereon Denecke KULTURPROGRAMME GMBH & Co. KG, Postfach 210313, 41429 Neuss; Lieder Beten; LZ 602

Oder:

DU GEHST DEN WEG

Text:	Handt, Hartmut (1982)
Musik:	Krüger, Horst
Rechte:	bei den Autoren
Verlag, Fundort,	
Bestellnummer:	s. Nachdrucke
Nachdrucke:	Beratungsstelle für Gestaltung von Gottesdiensten und anderen Gemeindeveranstaltungen, Eschersheimer Landstr. 565, 60431 Frankfurt; Lieder für Kirchentage, 1987

Gedicht

zweitausend jahre

zweitausend jahre – tag und nacht
haben uns christus nicht näher gebracht
haben uns weiter von ihm entfernt;
wir haben von anderen lehrern gelernt
und haben feinde und kriege gemacht.

zweitausend jahre – wort um wort
gingen wir weiter von christus fort;
er sagte frieden, wir taten rache.
die sache christi? nicht unsere sache,
und betlehem wurde nicht unser ort.

zweitausend jahre – tat um tat
rückten wir weiter von christus ab;
wollten von unserem vorteil nicht lassen,
lernten uns lieben und andere hassen,
übten an christus verrat.

zweitausend jahre – du hast es gesehen
wollten wir nicht den weg zu dir gehen.

auschwitz, dresden und oradour,
in vietnam unsere blutige spur –
herr, laß uns hier nicht stehn.

Josef Reding

Gedanken zum Gedicht

Sind wir wirklich Christus nicht
näher gekommen?
Haben wir uns wirklich
zweitausend Jahre
von ihm entfernt?
Mußt Du, Jesus,
Dir selbst nach zweitausend Jahren
eingestehen, daß Deine »Sache Mensch«
gescheitert ist?
Ich frage: Waren Deine Erwartungen zu hoch
vom neuen Menschen nach Deinem Bild?
Ich höre Deine Antwort, Jesus!
Du sagst:
Nicht ich habe mich entfernt von euch,
ihr seid gegangen.
Du hast recht, Jesus!
Wir rückten weiter von Dir ab
und wir wollten den Weg zu Dir
und mit Dir nicht gehen.
Wir haben uns von anderen Lehrern belehren lassen.
Wohin das führt, haben wir gesehen,
die Feinde häufen sich und die Kriege.
An die Stelle der Liebe tritt der Haß
des einen gegen den anderen.
Am Ende wird der Mensch dem Menschen zum Instrument
für den eigenen Nutzen und Vorteil.
Der Kampf ums Dasein
mit Siegern und Besiegten hat das Sagen.
Wir wollen das Leben
in der Hand haben
und vergessen dabei,
daß wir vom Schöpfer
aus dem Wasser der Liebe

geschöpft sind,
aus dem Leben der Beziehung,
die bedingungslos offen,
die auf gegenseitige Anerkennung aus ist.
Wir vergessen!
Dennoch schreitest Du nicht ein.
Du drängst Dich nicht auf.
Du läßt uns –
auch wenn
unsere Beziehung damit auf dem Spiel steht,
auch wenn uns
unser Eigenwille in Sackgassen führt.
Doch am Ende stehen wir
suchend wie fragend
vor Dir:
Herr laß uns hier nicht stehn.
Aus der Sackgasse rufen wir,
Herr, zu Dir, höre unsere Stimme!
Und wir erinnern uns:
Zwei Menschen waren unterwegs,
damals, von Jerusalem nach Emmaus,
müde und traurig,
enttäuscht – von Dir.
Du warst gegangen,
so schien es ihnen.
Hoffend erzählen wir uns
die Geschichte von damals.
Hoffend, es werde sein
wie damals, als Du
mit den Emmausjüngern
unterwegs warst.
Du selbst hast Dich ihnen genähert
und bist mit ihnen gegangen.
Du hast Dich wieder ins Spiel gebracht.
Du hast sie erzählen lassen
von ihrer Not, ihren Ängsten.
Du hast ihnen die Schrift gedeutet
und hast ihnen das Brot gebrochen.
Wir haben uns entfernt,
Jesus!
Komm Du uns wieder näher,

und laß uns eine neue Spur legen
von Betlehem
in die Welt:
eine Friedensspur,
eine Lebensspur
mit Dir.

Psalm 16

1. Behüte mich, Gott, denn ich vertraue dir./
2. Ich sage zum Herrn: »Du bist mein Herr; / mein ganzes Glück bist du allein.«
3. An den Heiligen im Lande, den Herrlichen, / an ihnen nur hab' ich mein Gefallen.
4. Viele Schmerzen leidet, wer fremden Göttern folgt. / Ich will ihnen nicht opfern, / ich nehme ihre Namen nicht auf meine Lippen.
5. Du, Herr, gibst mir das Erbe und reichst mir den Becher; / du hältst mein Los in deinen Händen.
6. Auf schönem Land fiel mir mein Anteil zu. / Ja, mein Erbe gefällt mir gut.
7. Ich preise den Herrn, der mich beraten hat. / Auch mahnt mich mein Herz in der Nacht.
8. Ich habe den Herrn beständig vor Augen. / Er steht mir zur Rechten, ich wanke nicht.
9. Darum freut sich mein Herz und frohlockt meine Seele; / auch mein Leib wird wohnen in Sicherheit.
10. Denn du gibst mich nicht der Unterwelt preis; / du läßt deinen Frommen das Grab nicht schauen.
11. Du zeigst mir den Pfad zum Leben. / Vor deinem Angesicht herrscht Freude in Fülle, / zu deiner Rechten Wonne für alle Zeit.

Fürbitten

Treuer Gott – Deine heutige Frohbotschaft gibt uns das Vertrauen, daß wir nicht alleine unterwegs sind, auch wenn wir das lange nicht erkennen oder bemerken. Aus dieser Zuversicht und mit diesem Vertrauen bringen wir unsere Anliegen zu Dir:
Lange schon und zu oft haben wir uns von Dir abgewandt und sind gottlose Wege gegangen. Öffne uns für den Weg des neuen Menschen nach Deinem Bild und Gleichnis.

Führe uns zum Vertrauen, daß Du in und mit uns unterwegs bist, auch wenn es Abend wird.
Laß uns nicht stehen, auf der blut-toten Spur, sondern wecke in uns den notwendigen Einsatz für das Leben.
Gib uns den Mut, Freunde statt Feinde zu machen, zu lieben statt zu hassen, und die Gelassenheit, all das zu ertragen, was wir nicht ändern können.
Um das bitten wir, weil wir Dich als Begleiter und Liebhaber des Lebens erfahren und spüren. Du bist Gott in alle Ewigkeit. (Amen.)

Vater unser

Entlassung

Begleitender Gott,
laß uns nicht erstarren
im Rück-blick auf die Geschichte unseres Versagens.
Schenke Du uns
den Weit-blick auf das Leben,
den Blick auf das,
was ist und kommen wird:
auf Dich und Dein Reich.
Deshalb
laß uns nicht müde werden,
mit Dir und durch Dich zu leben.
Herr, bleibe bei uns, denn es ist Zeit.
Darum bitten wir Dich, heute
und alle Tage, bis zur Vollendung
in alle Ewigkeit. (Amen.)

Silja Walter, Schau

Begrüßung

Es gibt Tage des Lichtes und Tage der Dunkelheit. Gerade in den Tagen der Dunkelheit suchen wir das Licht. Laßt uns den Gottesdienst beginnen im Namen dessen, der uns Licht ist auf unseren Wegen: im Namen des Vaters, des Sohnes und des Heiligen Geistes. (Amen.)

Einleitung

Wer kennt sie nicht, die Zeiten des Ausgebranntseins? Zeiten der Asche? Zeiten, in denen uns unser eigenes Leben dunkel – stockdunkel erscheint? Alles sehen wir nur noch schwarz. Wir werden orientierungslos. Ziele liegen nur noch verschwommen vor uns. Wir werden lebensmüde. Eine Dichterin unserer Tage, Silja Walter, hofft für Zeiten, in denen, wie sie sagt, unsere »Herzlampe« ausgebrannt ist, auf ein anderes Licht. Hoffen wir mit ihr, daß wir es auch in uns entdecken.

Gebet

Vater,
Du gabst uns Augen zu sehen,
Ohren zu hören.
Führe uns,
wir bitten Dich,
zur Weisheit des Herzens.
Wir suchen Dein Licht,
das uns, in guten
wie in schlechten Zeiten,
Wärme und Sicht gibt.
Du selbst bist das Licht
und leuchtest uns
jetzt und in Ewigkeit. (Amen.)

Einführung in die Lesung

Die Bibel ist Protestschrift gegen den Tod – ist *Lebens*buch. Gegen den Tod mitten im Leben protestiert sie und erzählt für das Leben. Die heutige Lesung aus dem Lukasevangelium erzählt uns von zwei Frauen, die Jesus empfangen. Er tritt buchstäblich in ihre »Küche« – so haben wir uns das Haus der beiden Schwestern Maria und Marta vorzustellen. Die eine der beiden Schwestern, Maria, wird durch diesen Besuch frei von den Zwängen, die sie als Frau einengen, »ausbrennen« und nicht wirklich leben lassen. Jesus setzt sich mitten in ihr Leben, und sie nimmt ihn herzhaft auf. Sie hört ihm zu, wird seine Schülerin – ein für das damalige Verständnis der Frau ungewöhnlicher Schritt. Marta reagiert auf das Verhalten der Schwester hochzornig. Doch vielleicht lernt auch sie, ihr Leben in einem anderen Licht zu sehen.

Lesung: Lk 10, 38–42

Sie zogen zusammen weiter, und er kam in ein Dorf. Eine Frau namens Marta nahm ihn freundlich auf. Sie hatte eine Schwester, die Maria hieß. Maria setzte sich dem Herrn zu Füßen und hörte seinen Worten zu. Marta aber war ganz davon in Anspruch genommen, für ihn zu sorgen. Sie kam zu ihm und sagte: Herr, kümmert es dich nicht, daß meine Schwester die ganze Arbeit mir allein überläßt? Sag ihr doch, sie soll mir helfen! Der Herr antwortete: Marta, Marta, du machst dir viele Sorgen und Mühen. Aber nur eines ist notwendig. Maria hat das Bessere gewählt, das soll ihr nicht genommen werden.

Lied

OFFENE AUGEN
Offene Augen, daß wir sehen.
Offene Ohren, daß wir verstehen.
Offene Hände, daß wir geben.
Gib deinen Geist, Herr, daß wir leben.

Text:	Eckert, Eugen
Musik:	Heurich, Winfried
Rechte: Verlag, Fundort,	Studio Union im Lahn-Verlag, Postfach 15 62, 65535 Limburg;
Bestellnummer:	Studio Union im Lahn-Verlag, Postfach 15 62, 65535 Limburg; Singen will ich und nicht klagen (LP/MC); SU 9981
Tonträger:	Studio Union im Lahn-Verlag, Postfach 15 62, 65535 Limburg; Singen will ich und nicht klagen (LP/MC); SU 9981

Nachdrucke:	Bischöfliches Ordinariat Limburg, Dez. Grundseelsorge, Roßmarkt 4, 65549 Limburg; Aus Liebe zum Menschen. Neue Lieder für Gottesdienst mit jungen Menschen. Medienpaket 2 mit Liederheft, Orgelsätzen, Arrangements, 1980

Oder:

GOTTES WORT IST WIE LICHT

Text:	aus Israel
Musik:	aus Israel
Rechte:	nach Wissen der Herausgeber in Deutschland nicht geschützt
Verlag, Fundort, Bestellnummer:	tvd-Verlag GmbH, Parkstr. 20, 40477 Düsseldorf; Mein Kanonbuch; 8600.1
Nachdrucke:	Kolping-Diözesanverband Würzburg e. V., Sedanstr. 25, 97082 Würzburg; Troubadour für Gott

Gedicht

Schau

Hat sich dir
das unsichtbar schimmernde Jesusjetzt
in deine ausgebrannte
Herzlampe
hinein gesetzt

liegen gleich
alle Gestern und Morgen der Erde
sonnenklar
ausgebreitet
vor deinem Gesicht.

Du sagst das Weltall steht in der
Küche.

Silja Walter

Gedanken zum Gedicht

Schau – unmißverständlich und fordernd: Schau! Doch was wird geschaut? Oder: Wohin? Worauf? Was soll in den Blick kommen? Was, wen sollen wir sehen?
Das Gedicht bringt uns an Grenzen, die zu übersteigen uns größte Mühe bereiten kann. Wir sind skeptisch bei Eingebungen, Visionen. Wir wollen

Realisten sein, uns nicht verführen lassen. Doch auch das ist wahr: Das Wesentliche ist nur den Augen des Herzens sichtbar. Noch einmal: Auf was also schauen? Oder worauf? Auf die ausgebrannte Herzlampe etwa? Darauf, daß weder Licht noch Wärme da sind? Darauf, daß es dunkel ist, stockdunkel? Was gibt es zu sehen? Die Gestern und Morgen der Erde? All das Leid und Elend der Erde? All die Kriege und Vertreibungen?

Aber näher noch: die ausgebrannte Herzlampe. Die eigene Asche! Du kennst diese Augenblicke, Stunden, Zeiten, in denen alles tot ist. Du bist ausgebrannt. Alles schmeckt nach Asche, nach Staub. Du hast nichts mehr, wohin du gerne in deinem Leben schaust. Auch der Blick nach draußen macht dich müde: Gewalt, Krieg, Zerstörung der Schöpfung. An Stelle der ausgebrannten Herzlampen haben wir Scheinwerfer installiert: künstliches Licht, das uns *alle Gestern und Morgen der Erde* verdunkelt, damit wir nicht sehen müssen. Damit wir vergessen können. Oder, schlimmer, damit wir an der Wahrheit vorbeisehen, sie verdrängen oder verleugnen können. Alles ist dann nur noch scheinklar im Licht der Scheinwerfer, die an Stelle der ausgebrannten Herzlampen getreten sind. Das geht vielleicht eine Weile gut. Aber nur eine Weile. Bis es zusammenbricht – bis sich das künstliche Licht als Irrtum erweist. Hat das *unsichtbar schimmernde Jesusjetzt* gegen unser totes, künstliches Licht eine Chance?

Das ist die Provokation dieses Gedichtes: erstaunlich, wie hoffnungsträchtig die Benediktinerin Silja Walter dieses *unsichtbar schimmernde Jesusjetzt* sieht! Wenn sich dir dieses *Jesusjetzt* in dein ausgebranntes Leben hineinsetzt, dann liegt alles *sonnenklar/ ausgebreitet/ vor deinem Gesicht*. Dann kannst du alles ansehen, ohne zu resignieren, ohne zu verurteilen, ohne zu zerbrechen.

Das Gedicht läßt vermuten, daß hinter dieser Hoffnung eine konkrete Erfahrung steht: die Erfahrung der *ausgebrannten Herzlampe* und die Erfahrung, daß dann Platz für ein anderes Licht ist: für das *unsichtbar schimmernde Jesusjetzt*. Vom *Jesusjetzt* ist die Rede, wo doch viele behaupten, Jesus sei von gestern: Jesusgestern! Er sei für eine Weltsicht heute nicht mehr zu gebrauchen.

Dagegen stellt die Dichterin ihre Erfahrung!

Doch wie kommt sie dazu? Wie nistet sich wohl dieses *Jesusjetzt* in unsere *ausgebrannte Herzlampe* ein? Ungefragt, fragend?

Die alte Kirche kannte den Ruf: Komm, Herr Jesus! Nur dieses Wort! Diese Bitte! Aus der Tiefe unserer Not, unserer Asche gesprochen, öffnet sie uns für IHN. Unsere Offenheit und sein Kommen! Und plötzlich, wenn uns die alltäglichsten Dinge erfüllen, sehen wir die Welt in einem

anderen Licht, realistischer und doch freundlicher, *sonnenklar,* und doch verbrennen wir nicht bei ihrem Anblick. Wir brauchen uns nicht zu bemühen. Allein durch die Gnade des Alltäglichen finden wir, was wir suchen: *das Weltall steht in der/Küche.* Dieser Ort des Alltäglichen wird zum Ort der Begegnung mit dem Ganzen, dem *Weltall.* Wir müssen nicht mehr ins Weltall starten, das Weltall kommt zu uns, an den Ort der Alltäglichkeit.
Wie kommt es zu uns?
Es kommt manchmal in den unerwarteten Gästen, in denen mit den leeren Händen, in den Ausgebrannten. Setz dich mit ihnen zu Tisch – um zwölf!
Bete mit ihnen: Komm, Herr Jesus!

Psalm 27

Der Herr ist mein Licht und mein Heil.
1. Der Herr ist mein Licht und mein Heil:
   Vor wem sollte ich mich fürchten?
2. Der Herr ist die Kraft meines Lebens:
   Vor wem sollte mir bangen?
3. Dringen Frevler auf mich ein,
   um mich zu verschlingen,
4. meine Bedränger und Feinde,
   sie müssen straucheln und fallen.
5. Nur eines erbitte ich vom Herrn,
   danach verlangt mich:
6. Im Haus des Herrn zu wohnen
   alle Tage meines Lebens,
7. die Freundlichkeit des Herrn zu schauen
   und nachzusinnen in seinem Tempel.
8. Denn er birgt mich in seinem Haus
   am Tag des Unheils;
9. er beschirmt mich im Schutz seines Zeltes,
   er hebt mich auf einen Felsen empor.
10. Ich will Opfer darbringen in seinem Zelt, Opfer mit Jubel;
    dem Herrn will ich singen und spielen.
11. Vernimm, o Herr, mein lautes Rufen;
    sei mir gnädig und erhöre mich!
12. Mein Herz denkt an dein Wort: »Sucht mein Angesicht!«
    Dein Angesicht, Herr, will ich suchen.

13. Verbirg nicht dein Gesicht vor mir; /
    weise deinen Knecht im Zorn nicht ab!
    Du wurdest meine Hilfe.
14. Verstoß mich nicht, verlaß mich nicht,
    du Gott meines Heiles!
15. Wenn mich auch Vater und Mutter verlassen,
    der Herr nimmt mich auf.
16. Zeige mir, Herr, deinen Weg;
    leite mich auf ebener Bahn trotz meiner Feinde!
17. Ich aber bin gewiß, zu schauen
    die Güte des Herrn im Land der Lebenden.
18. Hoffe auf den Herrn, und sei stark!
    Hab festen Mut, und hoffe auf den Herrn!
19. Ehre sei dem Vater und dem Sohn
    und dem Heiligen Geist,
20. wie im Anfang, so auch jetzt und alle Zeit
    und in Ewigkeit. Amen.

Fürbitten

Gott, Du Schöpfer der Welt, wir sind hier versammelt, um uns durch Dich zu stärken. Deshalb kommen wir mit unseren Bitten zu Dir:
Entzünde Du in uns das Licht, das uns den Weg zu unserem inneren Menschsein weist.
Gib all jenen, die die Welt »nur« mit den Ohren und Händen begreifen, die Kraft, auch mit dem Herzen zu sehen.
Öffne Du unsere Augen für die Sehenswürdigkeiten Deiner Welt, und laß uns die Melodie Deiner Schöpfung hören.
Zeige uns in den Ausgebrannten, den Armen dieser Welt, die Schwestern und Brüder Jesu, Deines geliebten Menschen.
Und wenn es in uns selbst dunkel ist, dann leuchte uns Dein Licht und zeige uns den nächsten Schritt.
Um all das bitten wir Dich durch Jesus, den Christus, unsern Herrn.
(Amen.)

Vater unser

Entlassung

Laßt uns am Ende dieses Gottesdienstes beten: (Stille)
Leuchtender, ewiger Gott,
mit offenen Augen

für Deine Sache
wollen wir jetzt gehen.
Im Vertrauen
und in der Hoffnung wollen wir handeln,
daß Du in uns Platz genommen hast,
damit Du
in unserem Leben durchschimmerst.
So segne uns
und alle, die unterwegs sind,
im Namen des Vaters, des Sohnes und des Heiligen Geistes. (Amen.)

Wilhelm Willms, psalm

Begrüßung

Ich begrüße Sie alle zum gemeinsamen Hören, Singen und Beten. Schön, daß Sie da sind!
Gebet – das Sprechen zu Gott. Es gibt verschiedene Formen des Gebetes. Wir alle haben eine persönliche, eigene Art zu beten – vielleicht auch mehrere, entsprechend unserer Beziehung zu Gott. Allen Gebeten gemein ist aber die Ausrichtung: Hin zu Gott, der uns Mutter und Vater ist. Dieser Gott sei mit Euch!

Einleitung

Wer hat Sie beten gelehrt? Können Sie sich noch erinnern? In welcher Weise geschah dies: auf dem Schoß der Mutter? Oder abends, wenn der Vater an Ihrem Bett saß ...?
Frühere Generationen knieten sich beim Gebet nieder. Das geschah sogar draußen, auf dem Feld, wenn die Glocken läuteten. Die Bauersleute knieten auf dem Acker und verweilten einen Augenblick im Gebet. Doch das ist lange her. In der Kirche knien wir noch manchmal. Aber in vielen Kirchen sind bereits auch die Kniebänke abgeschafft. Haben wir das Knien verlernt?
Heute, so sagt Wilhelm Willms in einem provokanten Gedicht, knien wir vor nichts!

Gebet

Wir sind hier
vor Dir,
hörender Gott.
Die Alten
gingen vor Dir
noch in die Knie.
Sie fürchteten sich
vor Deiner Größe
und Heiligkeit.
Sie zogen ihre Schuhe aus
wie Mose,
wenn sie Deinen heiligen
Boden berührten.
Wir haben das Knien
verlernt.
Aber laß uns die Ehrfurcht

nicht verlernen, Gott.
Laß uns niederknien
vor dem Kleinen dieser Welt,
vor den Kranken.
Laß uns unsere
Knie beugen
vor den Kindern.

Aber laß uns in ihnen
Dich erkennen,
der Du lebst und
Leben schenkst
durch Jesus, den Christus,
unseren Bruder.
Jetzt und in Ewigkeit. (Amen.)

Einführung in die Lesung

Die folgende Lesung aus dem Buch Exodus erzählt von einem politisch Verfolgten – nicht ohne Grund. Mose hat einen Ägypter erschlagen und ist anschließend geflohen, als der Mord ruchbar wird. Er flieht zu seinem Schwiegervater und sorgt fortan für dessen Herde; für einen Mann, der am Hofe des Pharao aufgewachsen ist, war das sicher ein Abstieg.
Eines Tages treibt er das Vieh über die Weidegründe hinaus. Er geht zu weit und hat eine Gotteserfahrung. In dieser Gotteserfahrung werden ihm Grenzen gesetzt. Er steht auf heiligem Boden. Mose soll seine Schuhe ausziehen. Viele Künstler, die diese Szene dargestellt haben, zeigen uns Mose kniend vor dem brennenden Dornbusch.

Lesung Ex 3,1–10

Mose weidete die Schafe und Ziegen seines Schwiegervaters Jitro, des Priesters von Midian. Eines Tages trieb er das Vieh über die Steppe hinaus und kam zum Gottesberg Horeb. Dort erschien ihm der Engel des Herrn in einer Flamme, die aus einem Dornbusch emporschlug. Er schaute hin: Da brannte der Dornbusch und verbrannte doch nicht. Mose sagte: Ich will dorthin gehen und mir die außergewöhnliche Erscheinung ansehen. Warum verbrennt denn der Dornbusch nicht?
Als der Herr sah, daß Mose näher kam, um sich das anzusehen, rief Gott ihm aus dem Dornbusch zu: Mose, Mose! Er antwortete: Hier bin ich. Der Herr sagte: Komm nicht näher heran! Leg deine Schuhe ab; denn der Ort, wo du stehst, ist heiliger Boden. Dann fuhr er fort: Ich bin der Gott deines Vaters, der Gott Abrahams, der Gott Isaaks und der Gott Jakobs. Da verhüllte Mose sein Gesicht; denn er fürchtete sich, Gott anzuschauen.
Der Herr sprach: Ich habe das Elend meines Volkes in Ägypten gesehen, und ihre laute Klage über ihre Antreiber habe ich gehört. Ich kenne ihr Leid. Ich bin herabgestiegen, um sie der Hand der Ägypter zu entreißen und aus jenem Land hinaufzuführen in ein schönes, weites Land, in ein

Land, in dem Milch und Honig fließen, in das Gebiet der Kanaaniter, Hetiter, Amoriter, Perisiter, Hiwiter und Jebusiter. Jetzt ist die laute Klage der Israeliten zu mir gedrungen, und ich habe auch gesehen, wie die Ägypter sie unterdrücken. Und jetzt geh! Ich sende dich zum Pharao. Führe mein Volk, die Israeliten, aus Ägypten heraus!

Lied

GUTE NACHRICHT

Refr:
Gott, laß deine gute Nachricht in uns wirken,
laß uns gute Boten deiner Botschaft sein.

1. Dein Wort, das ist die Bibel,
das Buch, dem keines gleicht.
Laß mich dein Werkzeug werden
mit meinem Lied, vielleicht.
2. Du schicktest deine Boten
mit deiner Botschaft aus.
Sie trugen deine Liebe
in alle Welt hinaus.
3. Das Zeugnis deiner Liebe,
an dem dich jeder kennt,
ist jeden Tag aufs Neue
für mich dein Testament.
4. Dein Wort ist meine Hoffnung,
denn du bist groß und gut,
und bin ich auch verzweifelt,
so gibt dein Wort mir Mut.
5. Dein Wort ist aufgeschrieben,
wie es ja jeder sieht,
und es klingt immer weiter
wie heut' in meinem Lied.

Text:	Krenzer, Rolf
Musik:	Fietz, Siegfried
Rechte:	beim Verlag
Verlag, Fundort, Bestellnummer:	Abakus Schallplatten und Ulmtal Musikverlag, Barbara Fietz, Haversbach 1, 35753 Greifenstein;
	Einen guten Freund zu haben; 087
Tonträger:	Abakus Schallplatten und Ulmtal Musikverlag, Barbara Fietz, Haversbach 1, 35753 Greifenstein;
	Einen guten Freund zu haben; 90087 (LP); 95087 (MC)

Gedicht

PSALM
wir
haben
das knien
verlernt

wir
knien
vor nichts
wenn wir doch
knieten
vor nichts

in dem DU
nicht gefangen
bist
denn du
bist
groß

in deine Richtung
knie ich

ich knie
vor der
NICHTS monstranz

wilhelm willms

Gedanken zum Gedicht

Manche lernen es ja wieder: das Knien. In Meditationskursen, in Exerzitienhäusern, in Räumen der Stille lassen sich Menschen wieder zeigen, wie das geht: knien. Oft bezahlen sie viel Geld dafür – für eine Haltung, die den Alten selbstverständlich war, wenn sie beteten.
Doch der lyrische Text von Wilhelm Willms geht noch weiter. Er behauptet, daß wir das Knien vor Gott verlernt haben. Ansonsten gehen wir vor allem möglichen in die Knie. Wir knien buchstäblich vor nichts und wieder nichts – nur nicht da, wo es wirklich angemessen wäre.
Viele von uns kennen sicher Bilder, die das Hofzeremoniell vergangener Tage vor Augen führen: Menschen mußten sich dem Herrscher zu Füßen werfen. Proskynese nannte man das mit einem griechischen Wort. Menschen gingen vor Menschen in die Knie – aus Angst, aus Ehrfurcht. Der Kaiser, der Papst vertraten Gottes Stelle. Wo sie waren, war heiliger Boden.
Wir denken, das sei vorbei? Wie oft werden uns Bilder in den Medien gezeigt, wo Mächtige unserer Zeit diese Geste der Unterwerfung fordern, wo Menschen gefesselt vor ihren Peinigern knien im Staub. Es ist leider nicht vorbei. Menschen werden gezwungen, vor den Nichtsen dieser Welt zu knien.
Und an vielen anderen Stellen knien sie vor dem Geld, vor der Karriere ..., vor ihren Abhängigkeiten. Nein, wir haben das Knien nicht verlernt. Wir haben es an der falschen Stelle verlernt.

Der Text von Wilhelm Willms will uns auf eine Stelle aufmerksam machen, vor der es sich »lohnt« zu knien. Er nennt sie die NICHTSmonstranz.
Mit dem Wort »NICHTS« erinnert der Text an die Erfahrung großer BeterInnen und MystikerInnen, daß wir von Gott eigentlich nur in der Negation sprechen können, in der Verneinung. Was wissen wir von Gott: nahezu nichts. Gott ist unendliches Geheimnis, das uns nur seine »Rückseite« zeigt, wie es im Buch Exodus der Bibel heißt. Er ist Geheimnis, das uns die Schuhe auszieht, das wir nur im Schweigen erahnen und aushalten können. Uns fehlen die Worte.
Die alten Monstranzen zeigten uns durch ein Fenster eine kleine weiße Hostie – ein Nichts. Auf dieser Hostie ein Kreuz, das Nichts des Kreuzes! Da erstirbt alles, was sich aufbläht in dieser Welt und uns in die Knie zwingen will.
Vor dieser Monstranz haben unsere Vorfahren gekniet. Dort, wo fast nichts zu sehen war, haben sie geahnt, daß dort das Eigentliche war – die Leere, die sie schweigend, kniend verehrt haben. Aber es war eine gefüllte Leere, gefüllt mit dem Gottes-Geheimnis.
Ob wir gehen oder stehen, knien oder sitzen, wir sollen beten in der Form unseres Lebens. Unser Leben sei ein Gebet: Denn was in uns ist, ströme nach außen. Der äußeren Form sind keine Grenzen gesetzt. Wir müssen sie vielmehr täglich neu lernen: ein unendlicher Spielraum. Die Richtung muß stimmen. Die Richtung auf den, der alles zusammenhält, der einzig »groß« ist, unübersehbar groß. Und der uns im Kleinen, im Fast-Nichts begegnet. DU! Ja, DU-Gott, DU stehst im Zentrum und bist die Mitte unserer Gebete. DU bist unendlich groß und doch so unendlich klein. In Deine Richtung wollen wir das Knien wieder lernen!

Psalm 62

[Für den Chormeister. Nach Jedutun. Ein Psalm Davids.]
2. Bei Gott allein kommt meine Seele zur Ruhe,
   von ihm kommt mir Hilfe.
3. Nur er ist mein Fels, meine Hilfe, meine Burg;
   darum werde ich nicht wanken.
4. Wie lange rennt ihr an gegen einen einzigen,
   stürmt alle heran wie gegen eine fallende Wand,
   wie gegen eine Mauer, die einstürzt?
5. Ja, sie planen, ihn von seiner Höhe zu stürzen;
   Lügen ist ihre Lust.

Sie segnen mit ihrem Mund,
doch in ihrem Herzen fluchen sie. [Sela]
6. Bei Gott allein kommt meine Seele zur Ruhe;
denn von ihm kommt meine Hoffnung.
7. Nur er ist mein Fels, meine Hilfe, meine Burg;
darum werde ich nicht wanken.
8. Bei Gott ist mein Heil, meine Ehre;
Gott ist mein schützender Fels, meine Zuflucht.
9. Vertrau ihm, Volk (Gottes), zu jeder Zeit!
Schüttet euer Herz vor ihm aus!
Denn Gott ist unsere Zuflucht. [Sela]
10. Nur ein Hauch sind die Menschen,
die Leute nur Lug und Trug.
Auf der Waage schnellen sie empor,
leichter als ein Hauch sind sie alle.
11. Vertraut nicht auf Gewalt,
verlaßt euch nicht auf Raub!
Wenn der Reichtum auch wächst,
so verliert doch nicht euer Herz an ihn!
12. Eines hat Gott gesagt,
zweierlei habe ich gehört:
Bei Gott ist die Macht;
13. Herr, bei dir ist die Huld.
Denn du wirst jedem vergelten,
wie es seine Taten verdienen.

Ein Fürbittgebet

Mein Herr und mein Gott,
nimm alles von mir, was mich hindert zu dir.
Mein Herr und mein Gott,
gib alles mir, was mich führet zu dir.
Mein Herr und mein Gott,
nimm mich mir und gib mich ganz zu eigen dir.

Hl. Niklaus von Flüe

Vater unser

Entlassung

Geheimnisvoller Gott,
Du bist die Mitte
unserer Gebete.
Ob wir gehen oder knien,
ob wir sitzen oder stehen,
immer soll unser Gebet
das Gebet unseres Lebens sein.
Laß es täglich
an Tiefe gewinnen.
Und führe uns hin
zu den Menschen,
die unserer Zuwendung bedürfen.
Denn in aller Größe
hast Du Dich
zu uns herabgebeugt
in Jesus, dem Christus,
Bruder und Herr
in alle Ewigkeit. (Amen.)

Wilhelm Bruners, Rat

Begrüßung

Wir sind heute zusammengekommen, um das Wort Gottes zu hören. Dazu kommen wir zur Ruhe, sammeln uns innerlich und nehmen uns Zeit; – Zeit, um Gottes Worten zu lauschen, auch wenn sie uns oft rätselhaft erscheinen. Lassen Sie uns unsere Tage bewußt im Namen Gottes beginnen.
Gott begleite uns auf unserem täglichen Weg, und sein Wort sei Wegweiser unseres Lebens!
Der Herr sei mit Euch an jedem Morgen, an jedem Abend und zu jeder Zeit!

Einleitung

Überlegen Sie bitte einen Augenblick, welchen Dingen Sie heute morgen zuallererst Beachtung geschenkt haben!
– Stille –
Ich kenne Menschen, bei denen es etwa so abläuft:
Nach dem Klingeln meines Weckers schaue ich meist zuerst auf die Uhr. Dann halte ich durchs Fenster Ausschau nach dem Wetter. Scheint die Sonne, fällt mir das Aufstehen leichter. Nach dem morgendlichen Waschritual schalte ich das Radio ein. Während der Nachrichten bereite ich das Frühstück und überlege, was heute auf dem Tagesprogramm steht. Ein Blick auf die Uhr mahnt zum Aufbruch. Das Tagesprogramm läuft.
Im Mittelpunkt unserer heutigen Zusammenkunft steht der Tagesbeginn und seine Bedeutung für unser tägliches Leben. Wilhelm Bruners gibt uns hierzu in einem seiner Texte einen Rat, den wir bedenken wollen.

Gebet

Schöpfergott!

DU	Dir
der DU Himmel und Erde erschaffen	danken wir
und dem Menschen das Leben	für jede neue Lebenschance,
eingehaucht hast,	die DU uns schenkst

mit jedem neuen Tag,
für jede neue Erholungsphase,
die DU uns gewährst
mit jeder neuen Nacht,
für jedes Wort von Dir,
das Leben
in uns
weckt,
das
lebt
in uns,
in dem
DU
lebst
heute und alle Tage
bis in alle Ewigkeit. (Amen.)

Einführung in die Lesung

In der heutigen Zeit der schier unbegrenzten Möglichkeiten der Kommunikationstechnik, die uns die Ereignisse aus aller Welt in Sekundenschnelle in die Wohnung übermittelt, in der eine Schlagzeile von der nächsten gehetzt und überboten wird, in der das, was gestern noch Gültigkeit besaß, heute überholt scheint, verkümmert die Bedeutung des Wortes.
Die folgende Lesung handelt von der Wirkung des Wortes. Der Evangelist Markus beschreibt im Anschluß an das Gleichnis vom Sämann das vielfältige Schicksal des ausgesäten Wortes.

Lesung: Mk 4,14–20

Der Sämann sät das Wort. Auf den Weg fällt das Wort bei denen, die es zwar hören, aber sofort kommt der Satan und nimmt das Wort weg, das in sie gesät wurde. Ähnlich ist es bei den Menschen, bei denen das Wort auf felsigen Boden fällt: Sobald sie es hören, nehmen sie es freudig auf; aber sie haben keine Wurzeln, sondern sind unbeständig, und wenn sie dann um des Wortes willen bedrängt oder verfolgt werden, kommen sie sofort zu Fall. Bei anderen fällt das Wort in die Dornen: sie hören es zwar, aber die Sorgen der Welt, der trügerische Reichtum und die Gier nach all den anderen Dingen machen sich breit und ersticken es, und es bringt keine Frucht. Auf guten Boden ist das Wort bei denen gesät, die es hören und aufnehmen und Frucht bringen, dreißigfach, ja sechzigfach und hundertfach.

Lied

SUCHENDE SIND WIR

1. Suchende sind wir, Herr, nach einem Sinn.
   Laß uns finden hinter den Worten: dein Wort.

2. Tastende sind wir, Herr, nach einem Grund.
   Laß uns greifen hinter den Sätzen: dein Geheimnis.
3. Hoffende sind wir, Herr, auf ein Zeichen.
   Laß uns lesen zwischen den Zeilen: dein Antlitz.
4. Wartende sind wir, Herr, auf ein Echo.
   Laß uns hören zwischen den Pausen: deinen Atem.

Text:	Albrecht, Alois
Musik:	Janssens, Peter
Rechte:	beim Verlag
Verlag, Fundort, Bestellnummer:	Peter Janssens Musik Verlag, Am Jägerhaus 8, 48291 Telgte; Ihr seid meine Lieder. Gesungene Stundengebete, 6. Auflage 1988; 1014-5 (PA); 1014-2 (SH)
Tonträger:	Peter Janssens Musik Verlag, Am Jägerhaus 8, 48291 Telgte; Ihr seid meine Lieder. Gesungene Stundengebete; 1014 (LP)

Oder:

SEI UNSER GOTT

Text:	Zenetti, Lothar (aus: Die wunderbare Zeitvermehrung)
Musik:	Heurich, Winfried
Rechte:	Text: J. Pfeiffer GmbH u. Co., Herzogspitalstr. 5, 80331 München
Musik:	Studio Union im Lahn-Verlag, Postfach 15 62, 65535 Limburg;
Verlag, Fundort, Bestellnummer:	Bischöfliches Ordinariat Limburg, Dez. Jugend, Roßmarkt 4, 65549 Limburg; Aus dem Tod wächst Leben. Neue geistliche Lieder für die Fasten- und Osterzeit. Liederheft, 1987
Tonträger:	Studio Union im Lahn-Verlag, Postfach 15 62, 65535 Limburg; Laßt uns das Ja zum Leben feiern (LP/MC); SU 9991

Oder:

LASS UNS HÖREN AUF DEIN WORT

Text:	AG des Priesterseminars Münster
Musik:	Meinhold, Wilhelm
Rechte:	bei den Autoren
Verlag, Fundort, Bestellnummer:	Verlag Butzon & Bercker GmbH, Hoogeweg 71, 47623 Kevelaer; miteinander. Lieder und Texte für den Gottesdienst. Hrsg. im Auftrag des Bistums Münster von der Hauptabteilung Schule und Erziehung
Nachdrucke:	Bischöfliches Jugendamt Würzburg, Jugend St. Burkard (Hrsg.), 97082 Würzburg; Singt dem Herrn ein neues Lied. Neue Lieder für den Gottesdienst. Teil 1 + 2, 1970

Oder:
HERR, DEIN WORT

Text:	Froitzheim, Dieter
Musik:	Schubert, Heino
Rechte:	A. Laumannsche Verlagsbuchhandlung, Dülmen
Verlag, Fundort, Bestellnummer:	A. Laumann Verlagsgesellschaft mbH, Alter Gartenweg 14, 48249 Dülmen; Herr, geh mit uns. Jugendmesse
Nachdrucke:	AK Singles im BDKJ, Marzellenstr. 32, 50668 Köln; Liedblatt 7, 8/79, Nr. 59

Gedicht

RAT

Verabschiede die Nacht
mit dem Sonnenhymnus
auch bei Nebel

hol dir die ersten
Informationen aus den
Liedern Davids

dann höre die
Nachrichten und lies
die Zeitung

beachte die Reihenfolge
wenn du die Kraft
behalten willst
die Verhältnisse zu ändern

bete gegen das
fünfsternige Nichts
das dir aus jedem
Kanal entgegentönt

wilhelm bruners

Gedanken zum Gedicht

Ein Rat,
bestehend aus fünf Imperativen,
den wir nicht erwartet haben,
den wir nicht erbeten haben.
Eine Anweisung,
wie wir den Tag beginnen sollen,
wenn wir die nötige Kraft
und Ausdauer besitzen möchten,
um die Verhältnisse zu ändern.
Wenn ich dieses will,
dann lautet das »Erfolgsrezept«:
Beginne den Tag
mit den Psalmen,
den Liedern Davids!
Nutze die Psalmen
als erste Informationsquelle
für den Tag!

Dann erst
– beachte die Reihenfolge –
schenke
allem anderen
Dein Gehör!

Denn das,
was wesentlich ist,
verraten mir nicht die Medien.

Kein Essen im 5-Sterne-Restaurant,
kein Urlaub im 5-Sterne-Hotel,
kein Fünfsterne-Paradies,
wie es die Medien
als Lebensglück anpreisen,
kann meine Lebenssehnsucht,
meine Suche
nach Wohl und Glück
wirklich erfüllen.
Es ist oft nicht mehr
als ein fünfsterniges Nichts.

Das Bedeutsame,
das Wesentliche
– so wird mir geraten –
finde ich in den Psalmen.
Doch was geschieht,
wenn ich den Rat befolge?

Bete ich morgens
einen der uralten Psalmen,
die viele Generationen vor mir
verzweifelnd und hoffend
gebetet haben,
dann nehme ich mich selbst zurück
und schaffe Platz
in meinem Leben
für Gott.
Ich setze mich diesem Gott aus,
indem ich in den ersten
Augenblicken
meines täglichen Lebens
Gott in den Liedern Davids
zu Wort kommen lasse.

Die Psalmen halten
an Gott fest,
nicht nur in Freude,
im Gotteslob,
sondern auch
in Not und Zweifel
geben sie
die Gottsuche
nicht auf.
Selbst,
wenn wir von Gott
nichts mehr erwarten,
wenn wir nicht mehr
die Gegenwärtigkeit und
Wirkmächtigkeit Gottes
voraussetzen,
erinnern uns
die Psalmen daran,
daß wir unterwegs sind
und daß es ein Ziel gibt.

Schlagen wir
das Buch der Psalmen auf und
lesen den ersten Psalm,
erfahren wir, daß es
zwei konträre Lebenswege gibt:
den Weg des Gerechten,
dessen Leben sich richtet
nach den Worten Gottes, und
den Weg des Gottlosen.
Dem Gerechten wird
Wohl, das heißt
Heil und Glück zugesagt.
»Alles, was er tut,
wird ihm gut gelingen«,
weil er Gottes Worten
Gehör schenkt,
weil er sich Gott als
Wegbegleiter
erwählt hat und
weil Gott seinen Weg
»kennt«, das heißt,
ihn sorgend und liebend begleitet.
Gott ist somit
der Grund seines Erfolges:
das Gelingen des Lebens.

Wer Gottes Wort als
Wegweiser

immer wieder
vor sich hin spricht,
in sich hineinspricht,
um die Worte ganz
in sich aufzunehmen,
zu verinnerlichen,
der wird in seiner
scheinbar passiven,
mythischen Gottesbeziehung
produktiv für andere und
für sich selbst;
– nach den Worten des Psalmisten –
wie ein Baum,
der am Wasser
gepflanzt ist,
gedeiht,
Früchte hervorbringt und
immer grün ist,
das heißt,
anderen
Schatten und Schutz
bietet.

Doch Vorsicht!
Entschließt Du Dich
trotz oder wegen aller Zweifel,
zu jeder Wetterlage,
bei jeder Gefühlslage,
in jeder Lebenslage,
– *auch bei Nebel* –
dem Rat zu folgen,
beginnst Du den Tag
mit einem Psalmengebet,
so verändern sich
Deine Verhältnisse.
Du schenkst Gott
die ersten Minuten
Deines täglichen Lebens
und gibst Euch beiden,
Gott und Dir,
eine Lebenschance.

Aber gib
Gott und Dir
Zeit!
Werde nicht ungeduldig!
Erinnere Dich
an das vielfältige Schicksal
des ausgesäten Wortes!

Psalm 119

Herr, du hast Worte ewigen Lebens. (Psalm 119 A)

1. Herr, öffne mir die Augen
   für das Wunderbare an deiner Weisung!
2. Ich habe meine Freude an deinen Gesetzen,
   dein Wort will ich nicht vergessen.
3. Deinen Vorschriften neige mein Herz zu,
   doch nicht der Habgier!
4. Ich will deiner Weisung beständig folgen,
   auf immer und ewig.
5. Auch wenn mich die Stricke der Frevler fesseln,
   vergesse ich deine Weisung nicht.
6. Wäre nicht dein Gesetz meine Freude,
   ich wäre zugrunde gegangen in meinem Elend.

7. Dein Wort ist meinem Fuß eine Leuchte,
   ein Licht für meine Pfade.
8. Festige meine Schritte, wie du es verheißen hast!
   Laß kein Unrecht über mich herrschen!
9. Das Wesen deines Wortes ist Wahrheit,
   deine gerechten Urteile haben alle auf ewig Bestand.
10. Meine Zunge soll deine Verheißung besingen,
    denn deine Gebote sind alle gerecht.
11. Ehre sei dem Vater und dem Sohn
    und dem Heiligen Geist,
12. wie im Anfang, so auch jetzt und alle Zeit
    und in Ewigkeit. Amen. (Psalm 119 B)

Fürbitten

Laßt uns beten für die Saat des Wortes, daß sie Wurzeln schlägt in uns und uns Gott nahe bringt!
Gott!
– Laß uns die Stille und Beharrlichkeit finden, in der Dein Wort zu uns dringt!
– Laß uns auf unserer Spurensuche des Lebens Dein Wort entdecken!
– Laß die Lieder Davids zu unseren Wegbegleitern werden.
– Laß uns im Beten der Psalmen Hilfe finden, unsere eigenen Erfahrungen zu benennen!
– Laß durch den Heiligen Geist Dein Wort in uns aufgehen wie die Saat, die auf guten Boden fällt und Frucht bringt!

Vater unser

Entlassung

Das Heil des Wortes
komme über uns,
schlage Wurzeln in uns und
trage uns durchs Leben
zum menschgewordenen Wort!
Gottes Segen
begleite uns
auf all unseren Wegen
in Wort und Tat
im Namen des einen Gottes –
des Vaters,
des Sohnes und
des Heiligen Geistes!

III. Abel, steh auf

Hilde Domin, Abel steh auf

Begrüßung

Liegenbleiben ist manchmal so viel leichter als Aufstehen. Manche von uns wären heute vielleicht lieber liegengeblieben, weil sie müde sind, abgearbeitet, andere sind voller Dynamik und Kraft da. Alle, die Wachen und Müden, die Abgearbeiteten und die »Aufständischen« begrüße ich herzlich zu unserem Gottesdienst: Der Gott des Lebens und der Auferstehung sei mit Euch!

Einleitung

In einem Gedicht von Hilde Domin, der jüdischen Dichterin, heißt es:
Abel steh auf/ damit es anders anfängt zwischen uns allen.
Abel, das ist eine biblische Gestalt. Im uralten Lebensbuch der Menschen, der Bibel, wird erzählt, daß Kain seinen Bruder Abel erschlägt. Das ist kein einmaliger Vorgang. Immer wieder haben in der Menschheitsgeschichte Brüder und Schwestern einander erschlagen: eine endlose Geschichte der Gewalt bis in unsere Tage.
Wir wollen heute darüber nachdenken, was es bedeuten könnte, wenn Abel, das Opfer, aufstünde und Kain, dem Täter, die Möglichkeit gäbe, anders und neu zu handeln.

Gebet

Soviel Gewalt,
Gott,
soviel Streit,
soviele Feuer, die vernichten.
Deine ganze Schöpfung,
wir alle brennen unter
den Kriegen, die Menschen,
die *wir* gegeneinander
führen.

Gib uns in dieser
Stunde,
so bitten wir Dich,
neue Gedanken,
die aufstehen gegen
die Verführung
zur Gewalt.
Lösch Du das Feuer
unseres Hasses.

Gib uns von	Darum bitten wir
Deinem Feuergeist,	in Erinnerung an
der uns zum	Jesus, der mit
Leben verführt	Dir lebt und
und zum Frieden.	Leben schenkt. (Amen.)

Einführung in die Lesung

Zwei Brüder bringen ihrem Gott ein Opfer dar, jeder das seine! Unfaßbares geschieht: Das eine Opfer wird angenommen, das andere nicht! Ist Gott parteiisch? Der Zurückgewiesene, Kain, gerät in Zorn. Als Gott ihn zur Rede stellen will, schweigt er und erschlägt seinen Bruder! Erst jetzt kommt es zur Aussprache mit Gott. Aber Abel bleibt tot. Verrückter Gedanke: Was wäre, wenn Abel aufstünde! Könnte dann noch einmal alles neu beginnen?

Lesung: Gen 4,1–16

KAIN UND ABEL
Adam erkannte Eva, seine Frau; sie wurde schwanger und gebar Kain. Da sagte sie: Ich habe einen Mann vom Herrn erworben. Sie gebar ein zweites Mal, nämlich Abel, seinen Bruder. Abel wurde Schafhirt und Kain Ackerbauer.
Nach einiger Zeit brachte Kain dem Herrn ein Opfer von den Früchten des Feldes dar; auch Abel brachte eines dar von den Erstlingen seiner Herde und von ihrem Fett. Der Herr schaute auf Abel und sein Opfer, aber auf Kain und sein Opfer schaute er nicht. Da überlief es Kain ganz heiß, und sein Blick senkte sich. Der Herr sprach zu Kain: Warum überläuft es dich heiß, und warum senkt sich dein Blick?
Nicht wahr, wenn du recht tust, darfst du aufblicken; wenn du nicht recht tust, lauert an der Tür die Sünde als Dämon.
Auf dich hat er es abgesehen, / doch du werde Herr über ihn!
Hierauf sagte Kain zu seinem Bruder Abel: Gehen wir aufs Feld! Als sie auf dem Feld waren, griff Kain seinen Bruder Abel an und erschlug ihn. Da sprach der Herr zu Kain: Wo ist dein Bruder Abel? Er entgegnete: Ich weiß es nicht. Bin ich der Hüter meines Bruders? Der Herr sprach: Was hast du getan? Das Blut deines Bruders schreit zu mir vom Ackerboden. So bist du verflucht, verbannt vom Ackerboden, der seinen Mund aufgesperrt hat, um aus deiner Hand das Blut deines Bruders aufzunehmen. Wenn du den Ackerboden bestellst, wird er dir keinen Ertrag mehr bringen. Rastlos und ruhelos wirst du auf der Erde sein. Kain antwortete

dem Herrn: Zu groß ist meine Schuld, als daß ich sie tragen könnte. Du hast mich heute vom Ackerland verjagt, und ich muß mich vor deinem Angesicht verbergen; rastlos und ruhelos werde ich auf der Erde sein, und wer mich findet, wird mich erschlagen. Der Herr aber sprach zu ihm: Darum soll jeder, der Kain erschlägt, siebenfacher Rache verfallen. Darauf machte der Herr dem Kain ein Zeichen, damit ihn keiner erschlage, der ihn finde. Dann ging Kain vom Herrn weg und ließ sich im Land Nod nieder, östlich von Eden.

Lied

WORT VOR DEN WORTEN

1. Wort vor den Worten voller Leben,
   Licht der Menschen durch die Nacht.
   Zuspruch und Anspruch, blühender Segen,
   Gottes Nähe hoffen macht.
2. Wort voller Gnade, menschgeboren,
   unerhörtes Liebeswort.
   Unter den Seinen fallengelassen,
   unter den Seinen wirkt es fort.
3. Mensch unter Menschen, ausgeliefert,
   Lebensbrot und Opferlamm.
   Wort der Vergebung,
   ausgesprochen mit dem Tod am Kreuzesstamm.
4. Wort der Vergebung voller Leben,
   Licht der Menschen durch die Nacht.
   Mensch unter Menschen auferstanden:
   Gottes Liebestat vollbracht.

Text:	Eckert, Eugen
Musik:	Heurich, Winfried
Rechte:	Studio Union im Lahn-Verlag, Postfach 15 62, 65535 Limburg;
Verlag, Fundort, Bestellnummer:	Bischöfliches Ordinariat Limburg, Dez. Jugend, Roßmarkt 4, 65549 Limburg;
	Und die Nacht bleibt voll Gesang. Lieder aus Hoffnung, Lieder zur Weihnacht, 1980
Tonträger:	Studio Union im Lahnverlag, Postfach 15 62, 65535 Limburg;
	Und die Nacht bleibt voll Gesang (LP/MC); SU 9992

Oder:

LASST UNS DAS LIED SINGEN

Text:	Zenetti, Lothar
Musik:	Woll, Erna; Heurich, Winfried (Arr., 1975)
Verlag, Fundort, Bestellnummer:	s. Nachdrucke
Nachdrucke:	Gotteslob, Nr. 827 (Lim)
	AK Singles im BDKJ, Marzellenstr. 32, 50668 Köln;
	Liedblatt 3, 2/78

Oder:

UNS VERPFLICHTET DAS WORT

Text:	Schaal, Herbert
Musik:	aus Südamerika
Rechte:	Studio Union im Lahn-Verlag, Postfach 15 62, 65535 Limburg;
Verlag, Fundort, Bestellnummer:	Studio Union im Lahn-Verlag, Postfach 15 62, 65535 Limburg;
	Macht Frieden; SU 770
Nachdrucke:	KJG-Verlag GmbH, 40420 Düsseldorf;
	KJG Songbook 2, 6. Auflage 1991;
	Bischöfliches Jugendamt Würzburg, Jugend St. Burkard (Hrsg.), 97082 Würzburg;
	Singt dem Herrn ein neues Lied. Neue Lieder für den Gottesdienst. Teil 1 + 2, 1970;
	Kolping-Diözesanverband Würzburg e.V., Sedanstr. 25, 97082 Würzburg;
	Troubadour für Gott

Gedicht

ABEL STEH AUF

Abel steh auf
es muß neu gespielt werden
täglich muß es neu gespielt werden
täglich muß die Antwort noch vor uns sein
die Antwort muß ja sein können
wenn du nicht aufstehst Abel
wie soll die Antwort
diese einzig wichtige Antwort
sich je verändern
wir können alle Kirchen schließen
und alle Gesetzbücher abschaffen
in allen Sprachen der Erde
wenn du nur aufstehst
und es rückgängig machst
die erste falsche Antwort

auf die einzige Frage
auf die es ankommt
steh auf
damit Kain sagt
damit er es sagen kann
Ich bin dein Hüter
Bruder
wie sollte ich nicht dein Hüter sein
Täglich steh auf
damit wir es vor uns haben
dies Ja ich bin hier
ich
dein Bruder
Damit die Kinder Abels
sich nicht mehr fürchten
weil Kain nicht Kain wird
Ich schreibe dies
ich ein Kind Abels
und fürchte mich täglich
vor der Antwort
die Luft in meiner Lunge wird weniger
wie ich auf die Antwort warte

Abel steh auf
damit es anders anfängt
zwischen uns allen

Die Feuer die brennen
das Feuer das brennt auf der Erde
soll das Feuer von Abel sein

Und am Schwanz der Raketen
sollen die Feuer von Abel sein

Hilde Domin

Gedanken zum Gedicht

Der Text beginnt mit einem Imperativ!
Er hat von Beginn etwas Drängendes!
Mir fallen Worte ein wie:
»Jüngling, ich sage dir: Steh auf!« (Lk 7,14)
oder

»Geh umher!« (Apg 3,6) –
Auferstehungsworte also;
Worte, die nicht den Täter, Worte, die das Opfer drängen,
Worte, die sich an das Opfer wenden,
Worte, die alles vom Opfer erwarten –
von Abel und nicht von Kain.

Das neue,
andere Spiel muß mit Abel beginnen ...
mit Abel, dem Opfer.
Die Ungeheuerlichkeit:
die Umkehr, die ganze Last der Umkehr
wird nicht dem Täter, sie wird dem Opfer zugemutet.

wenn du nicht aufstehst Abel
wie soll die Antwort
diese einzige Antwort
sich je verändern ...

Wenn Abel aufsteht,
ist Kain erlöst.
Wenn Abel aufsteht,
kann Kain Ja sagen,
ja, ich bin dein Hüter, Bruder.

Wenn Abel aufsteht,
wenn er es rückgängig macht,
durch seine Auferstehung,
kann Kain sagen:
Ja, ich bin hier,
ich, dein Bruder!
Nur dann!
Von Abel hängt alles ab.
Von Abel hängt die andere Antwort ab.
Wenn Abel nicht aufsteht,
hat Kain keine Chance;
ist das Spiel aus.
Abel steh auf
damit es anders anfängt
zwischen uns allen.

Auferstehung von Abel:
das ist die Erlösung für Kain.

Wenn das Opfer aufsteht,
kann der Täter die erste, falsche Anwort
auf die einzige Frage,
auf die es ankommt,
rückgängig machen.

»Denn da der Tod
durch einen Menschen gekommen ist,
kommt auch die Auferstehung der Toten
durch einen Menschen«. (1 Kor 15,21)

Ich gehöre zu den Kindern Kains,
und ich fürchte mich täglich
vor der Antwort Abels, fürchte mich,
ob Abel aufsteht,
damit er die falsche Antwort
rückgängig macht.

Die Feuer die brennen
das Feuer das brennt auf der Erde
ist das Feuer Kains.
Das Feuer, das brennt auf der Erde,
soll aber das Feuer von Abel sein,
wenn es anders anfangen soll
zwischen uns allen,
wenn die Antwort Ja sein soll ...

Abel steh auf ...!
Und ich denke
an den *einen* Sohn Abels,
von dem sie sagen, daß er aufstand,
und ich denke
an die Söhne und Töchter Abels,
die nach Auschwitz
aufstanden,
und ich denke,
daß die Antwort
noch vor uns liegt,
die einzig wichtige Antwort,
mit der es anders anfängt
zwischen uns allen ...

Psalm 130

1. Aus der Tiefe rufe ich, Herr, zu dir:
   Herr, höre meine Stimme!
2. Wende dein Ohr mir zu,
   achte auf mein lautes Flehen!
3. Würdest du, Herr, unsere Sünden beachten,
   Herr, wer könnte bestehen?
4. Doch bei dir ist Vergebung,
   damit man in Ehrfurcht dir dient. –
5. Ich hoffe auf den Herrn, es hofft meine Seele,
   ich warte voll Vertrauen auf sein Wort.
6. Meine Seele wartet auf den Herrn
   mehr als die Wächter auf den Morgen.
7. Mehr als die Wächter auf den Morgen
   soll Israel harren auf den Herrn! –
8. Denn beim Herrn ist die Huld,
   bei ihm ist Erlösung in Fülle.
9. Ja, er wird Israel erlösen
   von all seinen Sünden. –
10. Ehre sei dem Vater und dem Sohn
    und dem Heiligen Geist,
11. wie im Anfang, so auch jetzt und alle Zeit
    und in Ewigkeit. Amen.

Fürbitten

Laßt uns miteinander Fürbitte halten!
Gott Abels, Gott Kains – unser aller Gott. Wir bitten Dich:

- für alle, die in Streit miteinander liegen,
  zwischen denen eine Mauer des Hasses steht:
  Ruf sie heraus aus ihren Festungen,
  und öffne ihr Leben ins Weite;

- für alle, die die Macht haben zu schlichten und Menschen zueinander zu führen:
  Stärke ihr Herz und ihre Phantasie,
  und bewahre sie in der Enttäuschung;

- für alle, die am Streit der Menschen verdienen, die mit dem Krieg Geld machen:

Störe ihre Geschäfte, und zerbrich ihre Waffen, und schütze uns vor ihren Verbrechen;

- für uns alle, die wir Abel und Kain in uns tragen:
Versöhne in uns alles, was gegeneinander steht, und gib uns Deinen Frieden.

Um den Geist der Auferstehung bitten wir Dich in allem, was wir Dir vorgetragen haben. Gott des Friedens in alle Ewigkeit.

Vater unser

Entlassung

Der Gott Abels gebe Euch die Kraft der Auferstehung.
Der Gott Kains gebe Euch die Kraft der Umkehr.
Der Gott Jesu gebe Euch die Kraft der Versöhnung.
Dazu segne Euch ...

Reiner Kunze, Pfarrhaus

Begrüßung

Wir alle hatten ein Dach über dem Kopf – in der letzten Nacht. Und wir sind auch hier nicht ungeschützt. Das ist nicht selbstverständlich. Ich begrüße Sie alle. Laßt uns beginnen im Namen dessen, der unser Leben schützt: im Namen des Vaters ...

Einleitung

Es ist Fluchtzeit. Wieder sind die Straßen Europas voll mit Flüchtlingen. Unbehaust, heimatlos. In Europa bluten auf dem Balkan und an vielen anderen Stellen Menschen in sinnlosen Kriegen. Des Sterbens ist kein Ende. Andere müssen wie Nomaden in Zelten wohnen; sie wollen wenigstens ihr Leben retten. In ihnen wächst schon der Haß, der morgen neue Kriege, neue Flüchtlingsströme in Bewegung setzt ...
In all dieser Bedrohung, in dieser Entwurzelung »blüht« aber auch Solidarität, Beheimatung. Menschen rücken zusammen, öffnen ihre Häuser, geben Herberge ... In den Jahren der Bedrängnis und öffentlichen Kontrolle in der ehemaligen DDR hat das der Schriftsteller Reiner Kunze in einem Pfarrhaus erfahren, ohne daß ihm dabei abverlangt wurde zu beten. Solidarität ohne Bedingung! Das ist die Lebensweise Jesu. Sie sieht die Not und hilft! Basta!

Gebet

Gott! Wir bekennen:
Gehetzt, gejagt, entwurzelt
leben viele Menschen in unserer
Zeit. Und wir schweigen oft,
berufen uns zu früh auf unsere
Ohnmacht und sagen: Wir können
doch nichts tun.
Vertreibe uns aus unseren Lügen.
Denn mitten in aller Heimatlosigkeit

gibt es auch das: Menschen, die
beherbergen, teilen, protestieren,
handeln.
Mitten im Krieg gibt es Menschen des
Friedens und der Versöhnung.
Schon das Stück Brot, der Schluck
Wasser, Gaben ohne jede Erwartung –
sie heilen und trösten.
Für Menschen, die Herberge schenken
und teilen, danken wir Dir,
Gott aller guten Gaben.

Einführung in die Lesung

Die Geschichte einer Gastfreundschaft! Gastfreundschaft ist bei uns an vielen Stellen zur Unverbindlichkeit von Partyfreundschaft verkommen. In vielen Kulturen, besonders auch in biblischen Ländern, ist sie noch heute heilig. Der Gast ist unantastbar. Das gilt auch für den Gast, der nicht eingeladen ist, für den Gast, der einen Schluck Wasser, einen Bissen Brot auf seiner Wanderung braucht, für den Flüchtigen, der Schutz braucht. Der Gast gehört zur Familie. Wes Geistes Kind einer ist, erweist sich in der Gastfreundschaft. Abraham und Sara erweisen sich Fremden »zur Zeit der Mittagshitze« als ideale Gastgeber. Drei Fremde werden zum Mahl gebeten.

Später wird der jüdisch-christliche Hebräerbrief schreiben: »Vergeßt die Gastfreundschaft nicht; denn durch sie haben einige, ohne es zu ahnen, Engel beherbergt. Denkt an die Gefangenen, als wäret ihr mitgefangen ...« (Hebr 13,2f.).

Lesung: Gen 18,1–8

Der Herr erschien Abraham bei den Eichen von Mamre. Abraham saß zur Zeit der Mittagshitze am Zelteingang. Er blickte auf und sah vor sich drei Männer stehen. Als er sie sah, lief er ihnen vom Zelteingang aus entgegen, warf sich zur Erde nieder und sagte: Mein Herr, wenn ich dein Wohlwollen gefunden habe, geh doch an deinem Knecht nicht vorbei! Man wird etwas Wasser holen; dann könnt ihr euch die Füße waschen und euch unter dem Baum ausruhen. Ich will einen Bissen Brot holen, und ihr könnt dann nach einer kleinen Stärkung weitergehen; denn deshalb seid ihr doch bei eurem Knecht vorbeigekommen. Sie erwiderten:

Tu, wie du gesagt hast. Da lief Abraham eiligst ins Zelt zu Sara und rief: Schnell drei Sea feines Mehl! Rühr es an, und backe Brotfladen! Er lief weiter zum Vieh, nahm ein zartes, prächtiges Kalb und übergab es dem Jungknecht, der es schnell zubereitete. Dann nahm Abraham Butter, Milch und das Kalb, das er hatte zubereiten lassen, und setzte es ihnen vor. Er wartete ihnen unter dem Baum auf, während sie aßen.

Lied

BAUT NICHT NOCH MEHR MAUERN

Refr.:
Nur gemeinsam schaffen wir Frieden.
Nur gemeinsam schaffen wir Brot.
Für alle Menschen hienieden,
statt Waffen, Krieg und Tod.

1. Baut nicht noch mehr Mauern, grabt nicht neue Gräben.
   Laßt Gemeinschaft dauern, trennt euch nicht vom Leben.
   (Refr.)
2. Habt keine Angst vor Berührung des Nächsten auf dem Pfad!
   Christus lehrt die Verführung zur Liebe, zum Frieden, zur Tat.
   (Refr.)
3. Die Nöte der Menschen zu wenden, berührt sie der Herr ohne Scheu.
   Und unter seinen Händen wird diese Erde neu!

Coda:
Baut nicht noch mehr Mauern,
grabt nicht neue Gräben.
Laßt Gemeinschaft dauern,
trennt euch nicht vom Leben.
Trennt euch nicht vom Leben.

Text:	Reding, Josef
Musik:	Edelkötter, Ludger
Rechte:	beim Verlag
Verlag, Fundort, Bestellnummer:	Impulse Musikverlag Ludger Edelkötter, Natorp 21, 48317 Drensteinfurt; Herr, gib uns deinen Frieden; IMP 1020 (Liedheft)
Tonträger:	Impulse Musikverlag, Natorp 21, 48317 Drensteinfurt; Herr, gib uns deinen Frieden; IMP 1020 (LP bzw. MC)

Oder:
DEIN WORT IN GOTTES OHR

Text:	Hansen, Johannes
Musik:	Fietz, Siegfried
Rechte:	beim Verlag
Verlag, Fundort, Bestellnummer:	Abakus Schallplatten und Ulmtal Musikverlag, Barbara Fietz, Haversbach 1, 35753 Greifenstein; Nach dem Dunkel kommt ein neuer Morgen; 030
Tonträger:	Abakus Schallplatten und Ulmtal Musikverlag, Barbara Fietz, Haversbach 1, 35753 Greifenstein; LP 90030; MC 95030

Oder:
WIR HABEN EINEN TRAUM

Text:	Albrecht, Alois
Musik:	Janssens, Peter
Rechte:	beim Verlag
Verlag, Fundort, Bestellnummer:	Peter Janssens Musik Verlag, Am Jägerhaus 8, 48291 Telgte; Wir haben einen Traum, 10. Auflage 1988; 1003-1 (KA); 1003-2 (SH)
Tonträger:	Peter Janssens Musik Verlag, Am Jägerhaus 8, 48291 Telgte; Wir haben einen Traum; 1001/1003 (MC)
Nachdrucke:	Deutscher Katecheten-Verein (DKV), Preysingstr. 83c, 81667 München; Wellenbrecher. Lieder für den Aufbruch; ISBN 3-88207-245-8.

Oder:
HERR, DEINE LIEBE

Text:	Frostensson, Anders; Hansen, E. (deutsche Übertragung)
Musik:	Lundberg, L. A.
Rechte:	beim Verlag
Verlag, Fundort, Bestellnummer:	Burckhardthaus-Laetare Verlag GmbH, Schumannstr. 161, 63069 Offenbach/Main; J. Pfeiffer GmbH u. Co., Herzogspitalstr. 5, 80331 München; Schalom. Ökumenisches Liederbuch. Hrsg. AG der Evangelischen Jugend Deutschlands
Nachdrucke:	KJG-Verlag GmbH, 40420 Düsseldorf; KJG Songook 1, 8. Auflage 1991; tvd-Verlag GmbH, Parkstr. 20, 40477 Düsseldorf; Mein Liederbuch für heute und morgen; 8100.1 (Noten + Text); 8100.2 (Text) Kolping-Diözesanverband Würzburg e. V., Sedanstr. 25, 97082 Würzburg; Troubadour für Gott Erzbischöfliches Generalvikariat Köln, Hauptabteilung Seelsorge, Marzellenstr. 32, 50668 Köln (Hrsg.); Kehrt um und glaubt – erneuert die Welt. Lieder und Gebete (zum 87. Deutschen Katholikentag in Düsseldorf 1982), 2. Auflage 1982

Gedicht

PFARRHAUS
(für pfarrer W.)

Wer da bedrängt ist findet
mauern, ein
dach und

muß nicht beten

Reiner Kunze

Gedanken zum Gedicht

»Kommt alle zu mir, die ihr euch plagt
und schwere Lasten zu tragen habt.
Ich werde euch Ruhe verschaffen.« (Mt 11,28 f)
   Wer da bedrängt ist findet ...
Mir fällt auch ein: Wer suchet, der findet,
oder jene hoffnungsvollen Worte bei Deutero-Jesaja:
»Auf, ihr Durstigen, kommt alle zum Wasser!
Auch wer kein Geld hat, soll kommen.
Kauft Getreide, und eßt, kommt, und
kauft *ohne* Geld, kauft Wein und Milch
ohne Bezahlung!« (Jes 55,1 ff)
   Wer da bedrängt ist findet ...
Aber es sind zunächst nicht Wasser
und Getreide, Wein und Milch – er findet
mauern, ein dach.
Das Gedicht bezieht sich auf eine Umgebung, in der das Wort »Mauern« durchaus andere Gefühle hinterließ. Wie gut, daß wir heute davon in der Vergangenheit reden können!
In seinem Buch »Die wundersamen Jahre« werden wir etwas von der Mauer-Atmosphäre gewahr, der dauernden Bespitzelung, der totalen Überraschung, die viele hinter Mauern gebracht hat. *Diese* Mauern haben gewiß die Menschen nicht gesucht. Sie suchten die Freiheit, aber sie fanden Mauern – die Mauer, die sie trennte und zerschnitt. Es waren Mauern des totalen »muß«: das Muß zu öffentlichen Aufmärschen, Jugendweihen, Parteimitgliedschaft, sogenannten Freundschaftserklärungen! Diese Mauern repräsentieren den totalen Zwang!
Reiner Kunze hat bei Pfarrer W. Mauern gefunden und ein Dach, das ihn vor diesem Zwang schützte. Es war der Ort des freien Wortes, der

Ort des Schutzes in der Bedrängnis durch eine total beobachtete und kontrollierte Welt, eine Welt des allgegenwärtigen Geheimnisdienstes.
Hier muß er nicht, was doch eigentlich das Pfarrhaus kennzeichnet, hier muß er nicht beten!
Er kann da-sein: eßt, kommt und kauft ohne Geld ... – nichts ist gefordert.
Hinter dieser Mauer hört die »Mußwelt« auf!
In der Benediktsregel steht im Kapitel über die Gäste recht zu Anfang: Sobald ein Gast gemeldet ist, sollen ihm der Obere und die Brüder entgegengehen. Zuerst sollen sie gemeinsam beten, dann sich den Friedensgruß geben ...
Ob Benedikt auch das *und muß nicht beten* hätte gelten lassen? Die Frage stellte sich so in seiner Zeit nicht. Dennoch besteht Grund, daß Benedikt unter den gegebenen Umständen eines Reiner Kunze auch dem *und muß nicht beten* zugestimmt hätte. Der erste Satz seines Gästekapitels beginnt: *Alle* Gäste, die kommen, sollen wie Christus aufgenommen werden.
Benedikt macht keinen Unterschied.
Wer in Bedrängnis ist findet ...
und muß nicht beten.
Und die Kirche gebärdet sich manchmal wie ein autoritäres System: Konfession ist gefragt, ist Bedingung für Anstellung, wird zum Auswahlkriterium ...
Pfarrhäuser sind Bedingungsorte: du kommst hier nur herein, wenn du ...
Die Pastoral Jesu: Wer bedrängt ist, findet ... bedingungslos ...
Selbst vor dem »Beten-*müssen*« würde er den Menschen in Schutz nehmen.
Denn Gebet blüht nur auf in der Freiheit. Er, der selbst im Gebet seinen Gott fand, lehrte die Jünger erst auf ihre Nachfrage hin sein »Vater unser ...«.
Kommt alle, ich werde Euch Ruhe schaffen – auch vor denen, die sagen: Ihr müßt beten.

Psalm 129

1. Sie haben mich oft bedrängt von Jugend auf,/
   – so soll Israel sagen –,
2. sie haben mich oft bedrängt von Jugend auf,/
   doch sie konnten mich nicht bezwingen.

3. Die Pflüger haben auf meinem Rücken gepflügt,/
   ihre langen Furchen gezogen.
4. Doch der Herr ist gerecht,/
   er ließ die Stricke der Frevler zerhauen.
5. Beschämt sollen alle weichen,
   alle, die Zion hassen.
6. Sie sollen wie das Gras auf den Dächern sein,/
   das verdorrt, noch bevor man es ausreißt.
7. Kein Schnitter kann seine Hand damit füllen,/
   kein Garbenbinder den Arm.
8. Keiner, der vorübergeht, wird sagen:/
   »Der Segen des Herrn sei mit euch.« –/
   Wir aber segnen euch im Namen des Herrn.

Fürbitten

Für die »Anderen« bitten wir Dich, Gott, für die, die es schwer haben unter uns, die Fremden ...
- für Juden, deren Grabsteine in unserem Land wieder beschmiert und zerstört werden, die Angst haben, ihre jüdische Identität zu offenbaren;
- für Asylanten, deren Unterkünfte bedroht werden, deren Leben nicht sicher ist und die Ziel zerstörerischer Aggressionen sind;
- für alle, die sich unterscheiden in unserer Gesellschaft, die nicht angepaßt sind durch Konsum und Verordnung;
- für uns alle, die wir Verantwortung tragen für das, was unter uns und in unserem Namen geschieht.

Öffne unseren Mund, Gott, damit wir nicht schweigend zusehen und schuldig werden am Unrecht, das sich ereignet bei uns und in unserer Welt. Du hast nicht geschwiegen in sovielen Frauen und Männern, Prophetinnen und Propheten. Höre uns, Gott unseres Heils.

Vater unser

Entlassung

Geht, und öffnet Eure Türen für die Fremden.
Geht, und nehmt Euch der Verfolgten an.
Geht, und beherbergt die Obdachlosen.
Dazu segne Euch der barmherzige Gott, der Vater ...

Hilde Domin: Bitte

Begrüßung

Entlassen sind wir, in diesen Tag, diese Nacht. Wir leben. Als Lebendige sind wir hier. Noch hängt uns die Nacht an, der Tag ... Ob leicht oder schwer – alle sind herzlich gegrüßt im Namen des Einen, der unser aller Leben trägt.

Einleitung

Kaum aufgewacht oder am Ende eines Tages sind wir nicht mehr »unschuldig«. Ein Wort hat das andere ergeben. Schlechte Nachrichten haben wir gehört, die uns berührt, gute, die uns gerührt haben. Wir wachsen weiter. Es gibt Risse, Sprünge, Stocken ... Jedenfalls geschont werden wir nicht; wir werden nicht gefragt. Dagegen unsere Bitte, verschont zu bleiben – jedenfalls jetzt. Aber taugt sie? Heißt sie nicht: Ich möchte mich nicht weiterentwickeln? Hilde Domin, von der wir heute vor dem Hintergrund einer alten biblischen Erzählung ein Gedicht bedenken, sagt: *Der Wunsch .../ verschont zu bleiben,/ taugt nicht.*

Gebet

Wie der Ton in der Hand
des Töpfers
sind wir in Deiner Hand,
Gott,
wie der Stein in der Hand
des Künstlers ...

Manchmal spüren wir Deine
Hand hart und verletzend,
manchmal zärtlich und
schonend.

Zerbrechen laß uns nicht,
und rette uns aus
aller Not; und wachsen
laß uns zum Leben
heute und alle Tage
bis zur Vollendung.

Einführung in die Lesung

Wer anders ist, hat es nicht leicht. Menschen, die unter uns anders leben als wir, werden oft angefeindet, verfolgt ... Ihre Häuser oder Lager

werden überfallen, verbrannt. Ihr Leben ist in Gefahr. Ein Volk, das unter den Völkern im Exil anders lebte, ist das Volk Israel, sind die Juden. Sie sind durch viele Sintfluten gegangen, sie wurden oft in eine *Löwengrube,* in einen *Feuerofen* geworfen. Versehrt, vernichtet oft, haben sie doch überlebt. In Daniel wird uns in einer Symbolgeschichte wie in einem Spiegel jüdisches Schicksal erzählt: Rettung durch die Löwengrube hindurch. Aber welche Angst zuvor, wieviel Bitten, wieviel Not?
Jede(r) von uns ist anders. Wer seine Individualität im Druck zur Anpassung retten will, muß auch durch einen *Feuerofen,* durch eine *Löwengrube.* Für Daniel war es in dieser Situation wichtig, sich an seinem Gott festhalten zu können. Gott-los wäre er wohl von den feindlichen Kräften »aufgefressen« worden.

Lesung: Dan 14, 23-42

DANIEL UND DER DRACHE
Es gab auch einen großen Drachen, den die Babylonier wie einen Gott verehrten. Der König sagte zu Daniel: Von diesem Drachen kannst du nicht sagen, er sei kein lebendiger Gott. Bete ihn also an! Daniel erwiderte: Nur den Herrn, meinen Gott, bete ich an; denn er ist wirklich ein lebendiger Gott. Du aber, König, gib mir die Erlaubnis, den Drachen zu töten, ohne Schwert und Keule! Der König sagte: Ich gebe sie dir. Da nahm Daniel Pech, Talg und Haare, schmolz alles zusammen, formte Kuchen daraus und warf sie dem Drachen ins Maul. Der Drache fraß sie und zerbarst. Da sagte Daniel: Seht, was ihr für Götter verehrt! Als die Babylonier davon hörten, waren sie empört und taten sich gegen den König zusammen. Sie sagten: Der König ist Jude geworden. Den Bel hat er zertrümmert, den Drachen getötet und die Priester hingeschlachtet. Sie gingen zum König und verlangten: Liefere uns Daniel aus! Sonst töten wir dich und deine Familie. Da sich der König aufs äußerste bedroht sah, lieferte er ihnen Daniel notgedrungen aus. Sie aber warfen ihn in die Löwengrube. Dort blieb er sechs Tage lang. In der Grube waren sieben Löwen; man gab ihnen täglich zwei Menschen und zwei Schafe zu fressen. Jetzt aber gab man ihnen nichts, damit sie Daniel fressen sollten.
In Judäa lebte damals der Prophet Habakuk. Er hatte sich eine Mahlzeit gekocht und Brot in einen Napf gebrockt und ging gerade auf das Feld, um das Essen den Arbeitern zu bringen. Da sagte der Engel des Herrn zu Habakuk: Bring das Essen, das du in der Hand hast, dem Daniel nach Babylon in die Löwengrube! Habakuk antwortete: Herr,

ich habe Babylon nie gesehen, und die Grube kenne ich nicht. Da faßte ihn der Engel des Herrn am Schopf, trug ihn an seinen Haaren fort und versetzte ihn mit der Gewalt seines Geistes nach Babylon an den Rand der Grube. Habakuk rief: Daniel, Daniel, nimm das Essen, das Gott dir geschickt hat. Da sagte Daniel: Gott, du hast also an mich gedacht; du läßt die nicht im Stich, die dich lieben. Dann stand Daniel auf und aß. Den Habakuk aber versetzte der Engel Gottes sogleich an seinen früheren Ort zurück.

Am siebten Tag kam der König, um Daniel zu betrauern. Er trat an die Grube und schaute hinein. Da sah er Daniel sitzen, und er rief laut: Groß bist du, Herr, du Gott Daniels. Außer dir gibt es keinen anderen Gott. Dann ließ er Daniel herausziehen und statt seiner die Männer in die Grube werfen, die ihn hatten vernichten wollen. Und vor seinen Augen wurden sie sofort aufgefressen.

Lied

BLEIB IN UNSRER MITTE

Refr.:
Bleib in unsrer Mitte in der schweren Zeit.
Bleib bei uns, sei bei uns, in unsrer Mitte bleib.

1. Öffne unsre Augen, das Leben ist bedroht,
   öffne unsre Ohren für jeden Ton der Not. (Refr.)
2. Stärke unsern Glauben an dich und deine Welt,
   nähre unsre Hoffnung, die uns zusammenhält. (Refr.)
3. Höre unsre Bitte, schenk du uns deinen Geist,
   lenke unsre Schritte zum Weg, der Frieden heißt. (Refr.)

Text:	Netz, Hans-Jürgen
Musik:	Lehmann, Christoph
Rechte:	beim Verlag
Verlag, Fundort, Bestellnummer:	tvd-Verlag GmbH, Parkstr. 20, 40477 Düsseldorf; Solange die Erde noch steht; 8503
Tonträger:	tvd-Verlag GmbH, Parkstr. 20, 40477 Düsseldorf; Solange die Erde noch steht; 8503 (LP/MC)
Nachdrucke:	AK Singles im BDKJ, Marzellenstr. 32, 50668 Köln; Liedblatt 29, Nov. '87, Nr. 258

Gedicht

BITTE

Wir werden eingetaucht
und mit dem Wasser der Sintflut gewaschen,
wir werden durchnäßt
bis auf die Herzhaut.

Der Wunsch nach der Landschaft
diesseits der Tränengrenze
taugt nicht,
der Wunsch, den Blütenfrühling zu halten,
der Wunsch, verschont zu bleiben,
taugt nicht.

Es taugt die Bitte,
daß bei Sonnenuntergang die Taube
den Zweig vom Ölbaum bringe.
Daß die Frucht so bunt wie die Blüte sei,
daß noch die Blätter der Rose am Boden
eine leuchtende Krone bilden.

Und daß wir aus der Flut,
daß wir aus der Löwengrube und dem feurigen Ofen
immer versehrter und immer heiler
stets von neuem
zu uns selbst
entlassen werden.

Hilde Domin

Gedanken zum Gedicht

Die biblischen Bilder, an die Hilde Domin in diesem Gedicht erinnert, sind gewaltig: *Sintflut, Löwengrube, feuriger Ofen.*
Eher verdeckt noch die Frühlingslandschaft aus dem »Lied der Lieder« als angedeutetes Gegenbild, das aber nicht taugt.
Ein Mensch spricht, der ein Recht hat auf diese Bilder, weil Hilde Domin zu den Gezeichneten gehört: als deutsche Jüdin, als Exilierte, als Heimgekehrte auch. Sie lebt heute in Heidelberg – mit versöhntem Herzen, wie viele ihrer späten Gedichte zeigen.
Aber solche Versöhnung ist einen langen Weg gegangen, unfreiwillig, denn *wir werden eingetaucht, gewaschen, durchnäßt*... – und wir werden

nicht gefragt. Die Wasser der Sintflut kommen. Anders als die Bibel spricht der Text nicht von einer vorausgegangenen Schuld. Diese Sintflut erreicht alle: auch die Opfer, die »Kinder Abels« vor allem. Und sie erreicht die Betroffenen ganz bis in den Kern: »bis auf die Herzhaut«, also durch und durch.
Verständlich die Bitte, *verschont zu bleiben*. Aber die Archen sind bei dieser Sintflut nicht erlaubt. Noach, so steigt der Verdacht auf, ist jetzt der Eingetauchte, der Durchnäßte.
Gerade er, der Gerechte, sie, die Exilantin.
Der Wunsch nach der Landschaft / diesseits der Tränengrenze / taugt nicht ... – das sagt sie in klarer Kenntnis der Flut, der Tränenflut, des Feuerofens, der Löwengrube, all der Schrecknisse, die die Kinder Abels in dieser Welt erfahren. Aber *den Blütenfrühling zu halten* würde bedeuten, stehen zu bleiben, die Zeit einzufrieren, die Nacht zu verlängern ...
Es taugt die Bitte, daß der Regen verrauscht und auf der Flur die Blumen erscheinen, daß der Winter vorbeigeht (Hld 2,11f.) und die Nacht, daß die Stunde kommt, da die Taube den Ölzweig bringt – und die Zeit der Frucht und die Zeit des Wiedersterbens, wo *noch die Blätter der Rose am Boden / eine leuchtende Krone bilden.* Es ist die Bitte um Leben in seinem Rhythmus, aus dem wir nicht ungeschoren, ungewaschen davonkommen: *immer versehrter und immer heiler.*
Noach wurde gerettet, ebenso Daniel und die drei jungen Männer (Schadrach, Meschach und Abed-Nego). Denn das sind die Orte der Bedrohung (Sintflut, Löwengrube, Ofen) auch: Orte der Rettung – keiner verließ sie unversehrt, wie Jakob den nächtlichen Kampf versehrt verließ, und doch *immer heiler* auch, *stets von neuem / zu uns selbst / entlassen (werden).*
Auch im Tod? frage ich, der letzten Sintflut, der letzten Löwengrube, dem letzten Feuerofen? Und ich erinnere an den, von dem sie erzählen, er sei auch aus dem Tod errettet worden, und an seinen Wunden und Verletzungen hätten ihn seine Freundinnen und Freunde identifiziert, aber doch heiler und *von neuem* entlassen. Damit wir die Bitten sagen, die taugen.

Psalm 126

1. Als der Herr das Los der Gefangenschaft Zions wendete,
   da waren wir alle wie Träumende.
2. Da war unser Mund voll Lachen
   und unsere Zunge voll Jubel.
3. Da sagte man unter den andern Völkern:
   »Der Herr hat an ihnen Großes getan.«

4. Ja, Großes hat der Herr an uns getan.
   Da waren wir fröhlich. –
5. Wende doch, Herr, unser Geschick,
   wie du versiegte Bäche wieder füllst im Südland!
6. Die mit Tränen säen,
   werden mit Jubel ernten.
7. Sie gehen hin unter Tränen
   und tragen den Samen zur Aussaat.
8. Sie kommen wieder mit Jubel
   und bringen ihre Garben ein. –
9. Ehre sei dem Vater und dem Sohn
   und dem Heiligen Geist,
10. wie im Anfang, so auch jetzt und alle Zeit
    und in Ewigkeit. Amen.

Fürbitten

Wer leben will, muß wachsen. Wir wollen Fürbitte halten:
- für die, die jung sind unter uns; die nach ihrer Identität suchen und noch nicht wissen, wer sie sind; die neue Lebensmöglichkeiten ausprobieren, daß sie wachsen und sich bewähren;
- für die, die Menschen ins Leben begleiten, die ihnen helfen zu suchen und immer wieder neu zu probieren, daß sie nicht flüchten und sich selbst verraten;
- für die, deren Leben alt geworden ist; die erprobt und geprüft wurden; die gelitten haben und doch heil blieben, daß sie uns allen Mut zu Leben geben;
- für uns, die wir bewahrt werden wollen vor Sintflut und Feuerofen; die wir doch wachsen und nicht bewahrt werden können, daß wir nicht zerbrechen und enttäuscht werden.

Um den Geist des Widerstandes bitten wir, der uns widerstehen läßt aller Versuchung zur Verzweiflung. Erbarme Dich, unser Gott heute und alle Tage bis zur Vollendung.

Vater unser

Entlassung

Der Gott, der Israel durch die Wasser des Meeres rettete, sei mit Euch in allen Bedrohungen.

Der Gott, der Daniel in der Löwengrube Mut gab, sei mit Euch in allen Gefahren.
Der Gott, der die Menschen im Feuerofen singen ließ, sei mit Euch in Euren Liedern.
Dazu segne Euch / uns ...

Günter Kunert, Schofar

Begrüßung

Manche von uns haben sich heute gewiß mit Musik wecken lassen, lassen sich jeden Morgen mit Musik wecken.
Himmel und Musik werden oft in Verbindung gebracht. Laßt uns beginnen im Namen dessen, der auch die Musik erschaffen hat: im Namen des Vaters ... Der Herr sei mit euch!

Einleitung

Die therapeutische Wirkung der Musik kennt nicht erst die moderne Seelenkunde. Eine der wunderbarsten Musikmythen erzählt uns die griechische Tradition in der Erzählung von Orpheus und Eurydike. Mit seiner Musik will Orpheus die Geliebte wieder der Unterwelt entreißen ...
Musik hat die Macht Totes lebendig, Krankes heil, Trauriges wieder froh zu machen. In einem Gedicht von Günter Kunert, Schofar, erinnert der Verfasser an den Fall Jerichos. Israel bringt die Stadtmauern nicht mit Waffengewalt zum Einsturz; *das gewundene Widderhorn,* siebenmal geblasen, hat die Macht, die scheinbar uneinnehmbare Stadt einzunehmen. Welche Revolution! Alle Waffen werden abgeschafft. Und wir vertrauen der Macht der Musik. Das Tote würde wieder lebendig. Allerdings: Um das Widderhorn zu blasen, braucht es einen langen Atem.

Gebet

Eine Welt voller Mauern
haben wir gebaut,
Gott.
Mit vielen Mauern sichern
wir uns ab, damit
keiner an uns heran
kann. Wir verschanzen
uns hinter Mauern, weil
wir uns an unserem
Besitz festkrallen, von
dem wir nicht lassen wollen.
Wir haben Angst, uns
in die Offenheit und
Weite loszulassen,
Neues und Überraschendes
aufzunehmen.

Einmal,
Gott,
da fielen die Mauern
unter der Macht der
Musik,
da waren es keine
tödlichen Waffen, die
die Grenze öffneten.
Erinnere uns an Jericho, Gott,
an den lebendigen Weg.
Du lebst in der Einheit
mit dem Geist in
die Ewigkeit der Ewigkeiten.

Einführung in die Lesung

Jericho! Manche halten sie für die älteste bisher gefundene Stadt der Welt. Ihre Mauern sind im Laufe der Geschichte oft eingestürzt – weil Erdbeben sie zerstörten, weil sie von Eroberern geschliffen wurden ... Auch die Bibel erzählt vom Einsturz der Mauern Jerichos in einer seltsam feierlichen Geschichte. »Jericho hielt wegen der Israeliten die Tore fest verschlossen«, so beginnt Jos 6 die Erzählung von der Eroberung Jerichos. Den Fremden wollen sich die Einwohner von Jericho nicht öffnen. Sechs Tage lang ziehen die Krieger Israels um die Stadt. Dabei tragen sieben Priester sieben Widderhörner vor der Bundeslade her. Am siebten Tag sollen sie siebenmal um die Stadt herumziehen, und die Priester sollen die Hörner blasen. Dann soll das Volk in Kriegsgeschrei ausbrechen ... Auf diese Weise sollen die Stadtmauern zusammenbrechen.
Die Geschichte ist voller Symbole und sehr weit entfernt von den historischen Fakten. Welche Stadtmauer stürzte je durch Musik ein? Oder durch eine Kultprozession, wie diese Geschichte erzählt? Aber auf der symbolischen Ebene kann sie uns sehr nachdenklich machen.

Lesung: Jos 6,1–21

DIE EROBERUNG JERICHOS
Jericho hielt wegen der Israeliten die Tore fest verschlossen. Niemand konnte heraus, und niemand konnte hinein. Da sagte der Herr zu Josua: Sieh her, ich gebe Jericho und seinen König samt seinen Kriegern in deine Gewalt. Ihr sollt mit allen Kriegern um die Stadt herumziehen und sie einmal umkreisen. Das sollst du sechs Tage lang tun. Sieben Priester sollen sieben Widderhörner vor der Lade hertragen. Am siebten Tag sollt ihr siebenmal um die Stadt herumziehen, und die Priester sollen die Hörner blasen. Wenn das Widderhorn geblasen wird und ihr den Hörnerschall hört, soll das ganze Volk in lautes Kriegsgeschrei ausbrechen.

Darauf wird die Mauer der Stadt in sich zusammenstürzen, dann soll das Volk hinübersteigen, jeder an der nächstbesten Stelle. Da rief Josua, der Sohn Nuns, die Priester und sagte: Nehmt die Bundeslade, und laßt sieben Priester sieben Widderhörner vor der Lade des Herrn hertragen. Und zum Volk sagte er: Zieht rings um die Stadt herum, und laßt die bewaffneten Männer vor der Lade des Herrn herziehen!
Und es geschah so, wie Josua es dem Volk gesagt hatte: Sieben Priester trugen die sieben Widderhörner vor dem Herrn her und bliesen im Gehen die Hörner, und die Bundeslade des Herrn zog hinter ihnen her. Die bewaffneten Männer gingen vor den Priestern her, die die Hörner bliesen, die Nachhut folgte der Lade, und man blies ständig die Hörner. Dem Volk aber befahl Josua: Erhebt kein Kriegsgeschrei, und laßt eure Stimmen nicht hören! Kein Wort komme aus eurem Mund bis zu dem Tag, an dem ich zu euch sagte: Erhebt das Kriegsgeschrei! Dann sollt ihr losschreien.
Darauf ließ er die Lade des Herrn um die Stadt herumziehen und sie einmal umkreisen. Dann kam man zum Lager zurück und übernachtete im Lager. Früh am anderen Morgen brach Josua auf, und die Priester trugen die Lade des Herrn. Sieben Priester trugen die sieben Widderhörner der Lade des Herrn voraus und bliesen ständig die Hörner. Die bewaffneten Männer zogen vor ihnen her, und die Nachhut folgte der Lade des Herrn. Man blies ständig die Hörner. So zogen sie auch am zweiten Tag einmal um die Stadt herum und kehrten wieder ins Lager zurück. Das machten sie sechs Tage lang.
Am siebten Tag aber brachen sie beim Anbruch der Morgenröte auf und zogen, wie gewohnt, um die Stadt, siebenmal; nur an diesem Tag zogen sie siebenmal um die Stadt. Als die Priester beim siebtenmal die Hörner bliesen, sagte Josua zum Volk: Erhebt das Kriegsgeschrei! Denn der Herr hat die Stadt in eure Gewalt gegeben. Die Stadt mit allem, was in ihr ist, soll zu Ehren des Herrn dem Untergang geweiht sein. Nur die Dirne Rahab und alle, die bei ihr im Haus sind, sollen am Leben bleiben, weil sie die Boten versteckt hat, die wir ausgeschickt hatten. Hütet euch aber davor, von dem, was dem Untergang geweiht ist, etwas zu begehren und wegzunehmen; sonst weiht ihr das Lager Israels dem Untergang und stürzt es ins Unglück. Alles Gold und Silber und die Geräte aus Bronze und Eisen sollen dem Herrn geweiht sein und in den Schatz des Herrn kommen. Darauf erhob das Volk das Kriegsgeschrei, und die Widderhörner wurden geblasen. Als das Volk den Hörnerschall hörte, brach es in lautes Kriegsgeschrei aus. Die Stadtmauer stürzte in sich zusammen, und das Volk stieg in die Stadt hinein, jeder an der nächstbesten Stelle. So eroberten sie die Stadt. Mit scharfem Schwert weihten sie alles, was

in der Stadt war, dem Untergang. Männer und Frauen, Kinder und Greise, Rinder, Schafe und Esel.

Lied

WENN UNS DAS LEBEN LEBENDIG MACHT

1. Wenn uns das Leben lebendig macht, sind wir wie Feuer im Dunkel, sind wir das Licht, das Licht für die Welt, und der Tod verliert seine Schrecken, sind wir das Licht, das Licht für die Welt, und der Tod verliert seine Schrecken.
2. Wenn uns die Hilfe zu Helfern macht, sind wir wie Meister der Liebe, sind wir das Salz, das Salz für die Welt, und der Reichtum wird allen gehören.
3. Wenn uns der Frieden zufrieden macht, sind wir wie Lieder von morgen, sind wir Musik, Musik für die Welt, und kein Streit wird die Erde zerstören.

Text:	Bücken, Eckart
Musik:	Blarr, Oskar Gottlieb
Rechte:	beim Verlag
Verlag, Fundort, Bestellnummer:	Strube-Verlag, Pettenkoferstr. 24, 80336 München
Nachdrucke:	tvd-Verlag GmbH, Parkstr. 20, 40477 Düsseldorf;
	Mein Liederbuch für heute und morgen; 8100.1 (Noten + Text); 8100.2 (Text)

Gedicht

SCHOFAR

In das gewundene Widderhorn ein Maulvoll
in des Rammelbocks Rest mit allen Lungen
Die Methode ist alt
und der Erfolg literarisch belegt.
(Josua 6,4–5)

Wenn der Atem wegbleiben will
oder die Hoffnung:
Gedenke Jerichos.

Günter Kunert

Gedanken zum Gedicht

Jericho wurde von den »Kindern Israels« nicht mit Waffengewalt erobert. Die fest verschlossenen Tore wurden nicht mit dem Rammbock geöffnet. Die Mauern stürzten nicht mit Kriegsgewalt. Jericho: Das ist die Macht der Musik. In Jericho fallen die Mauern unter der »Gewalt« der Widderhörner. Jericho: Das ist die Eroberung mit langem Atem: *Ein Maulvoll /in des Rammelbocks Rest mit allen Lungen.*
Wer Jericho erobern will, braucht kräftige Lungen: Sieben Priester sollen sieben Widderhörner vor der Lade hertragen. »Am siebten Tag sollt ihr siebenmal um die Stadt herumziehen und die Priester sollen die Hörner blasen...« Eine Kultprozession, »Fronleichnamsprozession« um Jericho mit Blasmusik, das bringt den Stein zum Erweichen, das sprengt die Mauern. Wenn das Volk den Hörnerschall hört, soll es in lautes Kriegsgeschrei ausbrechen, also auch die Lungen betätigen, das Maul vollnehmen und mit allen Lungen schreien. Was schreien? »Amen«, schlage ich vor! Oder: »Hallelujah« - vielleicht auch den Namen Gottes vom Dornbusch - JHWH -, weil diesen Namen anzurufen und auszusprechen bei Jericho wohl noch nicht verboten war. Welchen Kriegsschrei hätte Israel in seiner Prozession - siebenmal Prozession - denn als den Namen des Herrn: »Die einen sind stark durch Wagen, die anderen stark durch Rosse, / wir aber sind stark im Namen des Herrn, unseres Gottes« (Ps 20,8). Deshalb fallen die Mauern, und Israel bleibt stehen ... mit heißem, langem Atem. Israel, pack deine Widderhörner aus, und leg die Waffen weg! Besinn dich der alten Methode, deren *Erfolg literarisch belegt* ist.
   »Wenn der Atem wegbleiben will / oder
   die Hoffnung: / Gedenke Jerichos.«
Es spricht ja soviel gegen diesen literarisch belegten Erfolg: Er ist eben »nur« literarisch belegt. Oder ist hinter dieser Literatur doch mehr verborgen? Haben Menschen diese Literatur geschrieben, um sich Mut zu machen - oder entstand sie aus vielen Erfahrungen?
Mir stockt der Atem: Wenn es denn so wäre, daß die größere Erfahrung in dieser Literatur steckt und nicht in dem sogenannten »Realitätsgeschrei« der Politiker? Nicht in der Nüchternheit, mit der Megatonnen von Vernichtung bereitstehen.
Auch Musik kann zu Propagandazwecken eingesetzt werden. Marschmusik zum Beispiel. Ich hoffe nicht, daß die Priester vor Jericho Marschmusik bliesen - Wiener Walzer würde mir eher zusagen.
Günter Kunerts Erinnerung an Jericho tut gut. Nicht nur Israel. Auch mir, auch uns. Der Erfolg mit den Waffen ist sehr kurzfristig und tötet

am Ende die, die sie gebrauchen. Den langen Atem brauchen wir, *ein Maulvoll Atem*, geblasen in jenes Widderhorn, das sich bei der Bindung Isaaks im Gestrüpp verfing. Damals fing eine neue Praxis an. Sie sollte das trostlose Schlachten der Söhne der Menschen beenden. In Jericho funktionierte die literarisch belegte Methode: Die Mauern stürzten ein.
Ich schlage vor: Alle Armeen der Welt werden entwaffnet und erhalten Unterricht im Blasen des Schofarhorns. Es soll nicht ganz leicht sein, das Blasen des Schofarhorns zu lernen. Die liturgischen Tage jedenfalls zwischen Neujahr und Jom Kippur, an denen das Horn geblasen wird, sind zu wenig, wenn in der übrigen Zeit doch die Waffen sprechen!
Einmal Fronleichnamsprozession ist zu wenig, wenn wir den Rest des Jahres den größten Teil der Welt an Hunger krepieren lassen.

NACHTRAG
Nach dem »Fall der Mauer« werden, anders als in Berlin, die Bewohner von Jericho doch mit Waffengewalt niedergemacht.
Über diese kriegerische Fortsetzung der Erzählung spricht das Gedicht nicht. Es beschränkt sich auf die »musikalische« Seite. Eine Schwäche des Gedichtes? Oder eine Schwäche Israels, das doch seinen Erfolg – um Gottes Willen – im alten Sieger-Verlierer-Spiel sucht? Oder doch auch die »Schwäche« der Bewohner von Jericho, die ihre Tore vor den Fremden verschließen?
Und nur die Dirne Rahab, die keine Xenophobie (Fremdenfeindlichkeit) kennt (!), überlebt. Sie schützt die Fremden.
Sollte es so sein, daß wir nur überleben, wenn wir uns nicht vor Fremden vermauern und verschließen? Schutz und Aufnahme der Fremden als auf Dauer einzige Möglichkeit des Überlebens! Doch das wäre Stoff für ein neues Gedicht!

Psalm 150

1. Lobet Gott in seinem Heiligtum,
   lobt ihn in seiner mächtigen Feste!
2. Lobt ihn für seine großen Taten,
   lobt ihn in seiner gewaltigen Größe!
3. Lobt ihn mit dem Schall der Hörner,
   lobt ihn mit Harfe und Zither!
4. Lobt ihn mit Pauken und Tanz,
   lobt ihn mit Flöten und Saitenspiel!
5. Lobt ihn mit hellen Zimbeln,
   lobt ihn mit klingenden Zimbeln!

6. Alles, was atmet,
   lobe den Herrn! –
7. Ehre sei dem Vater und dem Sohn
   und dem Heiligen Geist,
8. wie im Anfang, so auch jetzt und alle Zeit
   und in Ewigkeit. Amen.

Fürbitten

Wer sich verschließt und abschottet gegen die Fremden, hat keine Zukunft. Gott, laß uns diese Botschaft auch hören, wenn wir an den Sturz Jerichos denken. So bitten wir Dich:
– für alle Kommunen und Gemeinden in unserem Land,
  die sich den Fremden geöffnet haben, um sie
  zu beherbergen und zu schützen,
    erhalte sie in der Offenheit und Gastfreundschaft;
– für die Familien und HausbesitzerInnen, die
  Wohnungen den Fremden zur Verfügung stellen
  und dabei oft Anfeindungen zu ertragen haben,
    erhalte sie in ihrem Mut und ihrer Hilfsbereitschaft;
– für alle Staaten und Völker, die abrüsten und dem
  Kriegswahnsinn ein Ende machen,
    erhalte sie im Vertrauen auf Gespräche und Verhandlungen;
– für alle Verantwortlichen in den Kirchen, die die
  Einheit suchen und aller Spaltung absagen,
    erhalte ihnen Phantasie und Kraft, die Vielfalt miteinander zu versöhnen;
– für uns alle, die wir alle trennenden Mauern abbauen wollen,
    erhalte uns den langen Atem Deines Geistes, der uns das richtige Lied finden läßt.
Bewahre uns in Deinem heißen Atem, der uns Leben schenkt und Mut.
Dir sei die Ehre ...

Vater unser

Entlassung

Gott lehre uns die Sprache der Poesie.
Gott lehre uns die Sprache der Musik.
Gott lehre uns die Sprache der Versöhnung.
Dazu segne uns ...

Uwe Grüning, Einspruch

Begrüßung

Manchmal stehen wir morgens auf und sind unzufrieden. Noch nichts hat sich ereignet, und doch spüren wir: Der Tag beginnt ungut. Vielleicht hat sogar der Gedanke an Gott – bei unserem Morgengebet – eine Unzufriedenheit ausgelöst. Wie auch immer wir jetzt hier sind, zufrieden, unzufrieden, in guter oder schlechter Verfassung, ich begrüße sie alle sehr herzlich. Wir wollen beginnen im Namen des Vaters, des Sohnes und des Heiligen Geistes. Amen. Der Herr sei mit Euch!

Einleitung

Manchmal werden Wünsche an uns herangetragen, die wir als eine Zumutung empfinden, eine Frechheit. Andere lösen auch Ängste in uns aus, oder unser Stolz ist getroffen.
Zu einem Gegner, einer Gegnerin zu gehen und einen Friedensversuch zu beginnen, kann zum Schwierigsten gehören, auf das wir uns einlassen.
Manchmal kann uns eine solche Zumutung durch ein Bibelwort begegnen! Gott selbst kann dann zur Last werden. Und oft haben wir nicht die Kraft, mit Gott deswegen zu streiten: Wir laufen einfach davor weg. Ein Mensch, der durch Flucht dem Gottes-Wort zu entkommen sucht, ist Jona, ein Prophet des »Ersten Testamentes« (Erich Zenger), ein Unzufriedener mit Gott, wie er in einem Gedicht von Uwe Grüning charakterisiert wird.
Und wie steht es mit uns? Sind wir auch unzufrieden? Unzufrieden mit Gott?

Gebet

Mächtiger
und barmherziger Gott,
nie wollen wir vergessen,
daß Deine Allmacht

und Deine Barmherzigkeit
ein Geheimnis sind,
das wir schwer ergründen können.
Manchmal empfinden wir Dich als Zumutung.
Unzufrieden sind wir mit dem,
was Du uns sagst.
Laß uns deshalb nicht müde werden,
zu verstehen und Deine Wege zu erkennen.
Laß unsere Beziehung
lebendig bleiben.
Dir sei die Ehre in alle Ewigkeit. (Amen.)

Einführung in die Lesung

Das Buch Jona erzählt die Geschichte eines Flüchtlings, eines Gottesflüchtlings, eines Menschen, Jona, der vor Gottes Auftrag flieht. Verständlich: Denn er soll in die Hauptstadt des Todfeindes Israels: in die Hauptstadt der Assyrer, die Israeliten deportiert haben. Gerade dort soll er Umkehr und Buße predigen, damit Ninive gerettet wird. Als Jona nach mehreren Fluchtversuchen vor Gott am Ende doch in Ninive predigt, geschieht das Unglaubliche: Die Stadt geht mit allem in »Sack und Asche«. Eigentlich könnte Jona froh über seinen Predigterfolg sein. Er ist es nicht. Am Ende finden wir ihn recht verdrossen vor der Stadt unter einer Rizinusstaude, wartend auf das Ende der Stadt, das doch nicht eintritt.

Lesung: Das Buch Jona 3. und 4. Kapitel

Das Wort des Herrn erging zum zweitenmal an Jona: Mach dich auf den Weg, und geh nach Ninive, in die große Stadt, und droh ihr all das an, was ich dir sagen werde. Jona machte sich auf den Weg und ging nach Ninive, wie der Herr es ihm befohlen hatte. Ninive war eine große Stadt vor Gott; man brauchte drei Tage, um sie zu durchqueren. Jona begann, in die Stadt hineinzugehen; er ging einen Tag lang und rief: Noch vierzig Tage, und Ninive ist zerstört! Und die Leute von Ninive glaubten Gott. Sie riefen ein Fasten aus, und alle, groß und klein, zogen Bußgewänder an. Als die Nachricht davon den König von Ninive erreichte, stand er von seinem Thron auf, legte seinen Königsmantel ab, hüllte sich in ein Bußgewand und setzte sich in die Asche. Er ließ in Ninive ausrufen: Befehl des Königs und seiner Großen: Alle Menschen und Tiere, Rinder, Schafe und Ziegen, sollen nichts essen, nicht weiden und kein Wasser trinken. Sie sollen sich in Bußgewänder hüllen, Menschen und Tiere. Sie sollen laut zu Gott rufen, und jeder soll umkehren und sich von seinen bösen Taten abwenden und von dem Unrecht, das an seinen Händen klebt. Wer weiß, vielleicht reut es Gott wieder, und er läßt ab von seinem glühenden Zorn, so daß wir nicht zugrunde gehen. Und Gott sah ihr Verhalten; er sah, daß sie umkehrten und sich von ihren bösen Taten abwandten. Da reute Gott das Unheil, das er ihnen angedroht hatte, und er führte die Drohung nicht aus.

Das mißfiel Jona ganz und gar, und er wurde zornig. Er betete zum Herrn und sagte: Ach Herr, habe ich das nicht schon gesagt, als ich noch daheim war? Eben darum wollte ich ja nach Tarschisch fliehen; denn ich wußte, daß du ein gnädiger und barmherziger Gott bist, langmütig und reich an Huld, und daß deine Drohungen dich reuen. Darum nimm mir jetzt lieber das Leben, Herr! Denn es ist für mich besser zu sterben als zu leben. Da erwiderte der Herr: Ist es recht von dir, zornig zu sein?

Da verließ Jona die Stadt und setzte sich östlich vor der Stadt nieder. Er machte sich dort ein Laubdach und setzte sich in seinen Schatten, um abzuwarten, was mit der Stadt geschah. Da ließ Gott, der Herr, einen Rizinusstrauch über Jona emporwachsen, der seinem Kopf Schatten geben und seinen Ärger vertreiben sollte. Jona freute sich sehr über den Rizinusstrauch. Als aber am nächsten Tag die Morgenröte heraufzog, schickte Gott einen Wurm, der den Rizinusstrauch annagte, so daß er verdorrte. Und als die Sonne aufging, schickte Gott einen heißen Ostwind. Die Sonne stach Jona auf den Kopf, so daß er fast ohnmächtig wurde. Da wünschte er sich den Tod und sagte: Es ist besser für mich zu sterben als zu leben. Gott aber fragte Jona: Ist es recht von dir, wegen des Rizinusstrauches zornig zu sein? Er antwortete: Ja, es ist recht, daß ich zornig bin und mir den Tod wünsche. Darauf sagte der Herr: Dir ist es leid um den Rizinusstrauch, für den du nicht gearbeitet und den du nicht großgezogen hast. Über Nacht war er da, über Nacht ist er eingegangen. Mir aber sollte es nicht leid sein um Ninive, die große Stadt, in der mehr als hundertzwanzigtausend Menschen leben, die nicht einmal rechts und links unterscheiden können – und außerdem so viel Vieh?

Lied

WIR SEHEN SCHON DIE NEUE STADT

Eines Tages wirst du sagen: Seht, ich mache alles neu!
Aber zugleich wirst du fragen: Wo wart Ihr? Ihr wart doch meine Hände, neunzehnhundertdreiundneunzig?

Refr.:
A: Wir sehen schon die neue Stadt, den Himmel neu, die Erde neu. Wir sehen schon die neue Stadt am Horizont der Zukunft. Wir wagen es, die Maße schon, die Steine zu verwenden. So bauen wir auf deinem Grund das, was du vollendest, so bauen wir auf deinem Grund das ewige Jerusalem.

1. Jetzt muß mehr geschehn, als daß auf Plakate gemalt und auf Transparenten verkündet wird. Versöhnung ereignet sich, wenn wir zueinander sprechen. Jetzt muß mehr geschehn, als daß mit Gesten versprochen und auf Pulte gepocht wird. Gerechtigkeit ereignet sich, wenn wir miteinander sprechen.
A: (Refr.)
2. Jetzt muß mehr geschehn, als daß an Schreibtischen geplant und in Büchern geschrieben wird. Freiheit ereignet sich, wenn wir jeden Menschen achten. Jetzt muß mehr geschehn, als daß mit Schaufeln gegraben und mit Hebeln bewegt wird. Menschlichkeit ereignet sich, wenn wir Herr des Werkzeugs bleiben.
A: (Refr.)
3. Jetzt muß mehr geschehn, als daß mit Löffeln gefressen und mit Scheinen erkauft wird. Liebe ereignet sich, wenn wir miteinander teilen. Jetzt muß mehr geschehn, als daß mit Fäusten gedroht und mit Lippen gebetet wird. Friede ereignet sich, wenn wir uns die Hände reichen.
A: (Refr.)

Text:	Albrecht, Alois
Musik:	Janssens, Peter
Rechte:	beim Verlag
Verlag, Fundort, Bestellnummer:	Peter Janssens Musik Verlag, Am Jägerhaus 8, 48291 Telgte; Ein Halleluja für dich (1973), 4. Auflage 1987; 1008-1 (KA); 1008-6 (KB)
Tonträger:	Peter Janssens Musik Verlag, Am Jägerhaus 8, 48291 Telgte; Ein Halleluja für dich; 1008 (LP)

Oder:

DIE GANZE WELT

Text:	Weiß, Christa
Musik:	Siemoneit, Hans Rudolf
Rechte: Text:	Gustav Bosse Verlag, Regensburg
Musik:	Gütersloher Verlagshaus Gerd Mohn, Königsstr. 23-25, 33330 Gütersloh
Verlag, Fundort, Bestellnummer:	Burckhardthaus-Laetare Verlag GmbH, Schumannstr. 161, 63069 Offenbach/Main; Schöne Musika

Tonträger:	Schwann Verlag, Am Wehrhahn 100, 40211 Düsseldorf; ams-studio 15018 (LP)
Nachdrucke:	Burckhardthaus-Laetare Verlag GmbH, Schumannstr. 161, 63069 Offenbach/Main; J. Pfeiffer GmbH u. Co., Herzogspitalstr. 5, 80331 München; Schalom. Ökumenisches Liederbuch. Hrsg. AG der Evangelischen Jugend Deutschlands Bischöfliches Jugendamt Würzburg, Jugend St. Burkard (Hrsg.), 97082 Würzburg; Singt dem Herrn ein neues Lied. Neue Lieder für den Gottesdienst. Teil 1 + 2, 1970; Bischöfliches Ordinariat Limburg, Dez. Jugend, Roßmarkt 4, 65549 Limburg; Aus dem Tod wächst Leben. Neue geistliche Lieder für die Fasten- und Osterzeit. Liederheft, 1987 Kolping-Diözesanverband Würzburg e. V., Sedanstr. 25, 97082 Würzburg; Troubadour für Gott

Gedicht

Einspruch

Entronnen dem Fischbauch,
entronnen nicht
der leidigen Ninive,
wo man mich totprügeln wird,
wenn ich –
dir zu gefallen, Herr –
von Buße schwatze und Sündenschuld,
ich, Jonas,
einer der kleinen Propheten, der zwölf.

Da machst du, Gott,
zu meinem Trost einen Rizinus
oder, wie Luther
wissen will, einen Kürbis
oder wie die Vulgata
seltsamerweise vermerkt, einen Efeu,

tust auch ein wenig Schatten hinzu,
wie ichs verdient hab nach Stürmen,
Wüstenreisen und Reden,
Schatten, in dem ich geruhsam
zuschauen werde dem Untergang
dieser Weltstadt, dieser beschissenen.

Was aber tust du?
Du verwelkst mir den Schatten und schaffst nichts!

Keine Entschuldigung
von wegen Erbarmen und so!
Wozu dann der Auftrag

und der Riesenfisch
und die Errettung?
Immer nur Halbheiten, Herr!

Ich, Jonas, einer
der zwölf kleinen Propheten,
bin unzufrieden mit dir!

Uwe Grüning

Gedanken zum Gedicht

Ich würde mich gerne zu Jona unter die Rizinusstaude, die verdorrte, setzen und mit ihm reden. Ich würde ihm gerne sagen, daß ich ihn verstehe, daß ich manchmal auch unzufrieden bin und über die »Halbheiten Gottes« nachdenke. Allerdings in diesem Fall?! Deine »Ganzheit«, Jona, läge in der Zerstörung, der Vernichtung der Stadt und ihrer Bewohner. Soll alles dem Erdboden gleichgemacht werden? Bedenke, Jona, sie ist voller Leben.
Gewiß, Ninive ist der Todfeind deines Volkes. Aber vergiß auch nicht: Du hast gepredigt, hast ihnen 40 Tage zugesprochen, 40 Wüstentage. Das war mehr als genug zur Veränderung. Natürlich hast du gehofft, Jona, daß sie ihre Ohren verstopfen und dich davonjagen. Aber das Gegenteil ist geschehen: Sie haben sich abgewendet vom Bösen, ihm den Rücken zugekehrt, sie haben Buße getan – alle, auch der König, auch die Tiere ... Deine Predigt hat gewirkt. Nicht den Tod hat sie gebracht, wie du gehofft hast! Und bisher bist du auch nicht totgeprügelt worden. Warum also so unzufrieden, so voller Protest? Eigentlich tut mir der Rizinusstrauch leid. Er wächst deinetwegen, Jona, er muß deinetwegen verdorren, damit du endlich begreifst.
Aber ich verstehe, daß diese ganze Geschichte für dich eine ungeheure Zumutung ist, Jona. Tausende von euch wurden durch Ninive deportiert, dein ganzes Volk haben sie weggebracht. Und gerade dich, einen Juden, schickt Gott in diese Mörderstadt. Dein Gott! Als hätte Ninive sich je um den Gott Israels geschert, den Gott des unterworfenen Volkes. Aber so ist er, dein Gott. Und ich sage: auch mein Gott, unser Gott. So unberechenbar ist er, so groß. ER fühlt sich auch für Ninive verantwortlich, für alle, die ihn nicht kennen. Stell dir vor, Jona, durch dich sollten sie deinen Gott kennenlernen, die Fremden, die Eroberer. Sie sind auch seine Geschöpfe – wie du, wie ich, wie wir alle! Er schuf den Menschen in Ninive, wie uns, in und zur Freiheit. Das hast du selbst erfahren, Jona. Und die Geduld, die er mit dir hatte. Immer wieder hat er es mit

dir versucht. Sollte er es dann nicht auch mit Ninive ... Du verstehst, Jona! Denk an die Geduld, die ER immer wieder mit deinem Volk gehabt hat: in der Wüste, im verheißenen Land, wie oft hat ER durch die Prophetinnen und Propheten gesprochen ...
Ist ER nicht wunderbar in seiner Liebe und Barmherzigkeit!? Und jetzt zeigt ER sie auch in Ninive, ER, der Allerbarmer!
Ohne diese *Halbheiten,* wie du sie nennst, wäre die Welt längst am Ende. Gerade das ist ja SEINE Fähigkeit, die uns so oft abgeht: ER erregt sich, zürnt – und dann reut IHN das Unheil, das ER angedroht hat, und ER führt die Drohung nicht aus (vgl. Jona 3,10).
Ich wünsche mir manchmal mehr von dieser Reue und Umkehrkraft für mich, von dieser göttlichen Fähigkeit.
Und dir, Jona? Dir wünsche ich heute, da du so unzufrieden bist, bald wieder einen guten Schatten, in dem du zu friedlichen Gedanken findest.

Psalm 1

Wohl dem Menschen, der Gottes Wege geht.

1. Wohl dem Mann, der nicht dem Rat der Frevler folgt,/
   nicht auf dem Weg der Sünder geht,
   nicht im Kreis der Spötter sitzt,
2. sondern Freude hat an der Weisung des Herrn,
   über seine Weisung nachsinnt bei Tag und bei Nacht.
3. Er ist wie ein Baum,
   der an Wasserbächen gepflanzt ist,
4. der zur rechten Zeit seine Frucht bringt
   und dessen Blätter nicht verwelken.
5. Alles, was er tut,
   wird ihm gut gelingen. –
6. Nicht so die Frevler:
   Sie sind wie Spreu, die der Wind verweht.
7. Darum werden die Frevler im Gericht nicht bestehen
   noch die Sünder in der Gemeinde der Gerechten.
8. Denn der Herr kennt den Weg der Gerechten,
   der Weg der Frevler aber führt in den Abgrund. –
9. Ehre sei dem Vater und dem Sohn
   und dem Heiligen Geist,
10. wie im Anfang, so auch jetzt und alle Zeit
    und in Ewigkeit. Amen.

Fürbitten

Treuer Gott, wir wollen Dein Eingreifen. Aber wenn Du eingreifst, sind wir oft unzufrieden. Wir bitten Dich:
Gib uns ein klares Auge und ein offenes Ohr für unsere Taten und Untaten. Und laß uns das, was wir nicht getan haben, aber hätten tun sollen, deutlich erkennen.
Fördere Du in uns das Vertrauen, aus dem heraus unser Verstehen für Deine Taten wächst.
Laß uns erkennen, daß Deine Barmherzigkeit größer ist als unser Ruf nach Gerechtigkeit.
Schenke uns den Mut, das zu fördern, was unsere Welt menschlicher und wärmer macht.
Mit all unseren ausgesprochenen wie unausgesprochenen Bitten erhöre uns Gott. Heute und alle Tage bis zur Vollendung der Zeit. (Amen.)

Vater unser

Entlassung

Barmherziger Gott,
komm Du zu uns
in unser Haus,
in unsere Stadt,
in unser Land,
in unsere Welt;
denn unsere Wege
scheinen nicht mehr
zu Dir zu führen.
Wir verrennen uns oft
auf Irr- und Umwegen.
Bahne Dir,
unser Vater,
deshalb Deinen Weg
in unsere Ninivestädte;
denn Deine Freundschaft
richtet uns auf.
Dein Atem
gibt uns Leben,
und Dein Verzeihen
schafft uns neu.
Um all das bitten wir Dich,
durch Jesus, den Christus, unseren Bruder,
der in der Einheit des Heiligen Geistes
mit Dir lebt und Leben schenkt
in alle Ewigkeit. (Amen.)

Laßt uns gehen und uns freuen über die Barmherzigkeit Gottes. Es segne uns der lebendige Gott, der Vater ...

Wilhelm Bruners, Trost

Begrüßung

Nach einem tiefen, todesähnlichen Schlaf kann immer noch eine betäubende Müdigkeit auf uns lasten. Andere haben sich nach einer schlaflosen, unruhig durchlebten Nacht hierher auf den Weg gemacht. Andere wiederum fühlen sich nach dieser Nacht »wie neu geboren«.
Ich begrüße Sie alle im Namen unseres Gottes, des Schöpfers von Tag und Nacht, der Leben und Tod in seinen Händen hält.

Einleitung

»Wir müssen alle sterben und sind wie das Wasser, das man auf die Erde schüttet und nicht wieder einsammeln kann.« (2 Sam 14,14)
Dieser Satz beschreibt eine unabwendbare Tatsache, der wir oft aus dem Weg gehen, an die wir nicht gerne denken. Unser ganzes Sein ist bestimmt von Leben und Tod, so wie das Ein- und Ausatmen Grundbedingung unseres Lebens ist und seinen Rhythmus bestimmt. So natürlich dies einerseits ist, so schwer tun wir uns andererseit im Leben mit dem Tod. Kann ein »Leben-zum-Tode« überhaupt Leben genannt werden? Ist es nicht eher ein »Zu-Tode-Leben«?
Das Bedenken des Todes machte den alttestamentlichen Menschen zu einem leidenschaftlichen Kämpfer für das Leben – alles kommt auf das Leben vor dem Tod an! – Wie steht es mit uns, den neuzeitlichen Menschen?
Gräber – Mahnmale des Todes – erinnern uns an die Toten, die den unvermeidlichen Schritt in den Tod gegangen sind. Wilhelm Bruners führt uns in seinem Text »Trost« auf einen Weg, der bei den Gräbern beginnt und – wie es im Text heißt – in die *Verwegenheit der Auferstehung* führt.

Gebet

Gott,
mächtig über
Licht und Finsternis,
schenke uns
das Licht des Glaubens,
damit es uns leuchtet
durch die Dunkelheit.
Laß uns,
die wir
mitten im Leben
bestimmt sind
zum Sterben,
auferstehen
mitten im Leben,
getragen
von der Hoffnung des Lebens
mitten im Tode
in Deinem Namen. (Amen.)

Einführung in die Lesung

Tod durch Ignoranz, Tod durch Intoleranz, Tod durch Fortschrittsglauben, Isolation, Gefühllosigkeit – es gibt unzählige Todesgefahren in unserem Leben.
Wir hören eine Glaubensgeschichte, eine Geschichte der Auferstehung mitten im Leben. Ein Mädchen wird totgesagt. Der Vater wird aufgefordert, sich mit der Tatsache des Todes abzufinden. Jesus jedoch findet sich mit der tödlichen Endgültigkeit nicht ab. Er tritt der Furcht vor dem Tod im Glauben entgegen und ruft ins Leben zurück. Er bringt den Alltagsrhythmus der Menschen durcheinander.

Lesung: Mk 5,21–23.35–42

Jesus fuhr im Boot wieder ans andere Ufer hinüber, und eine große Menschenmenge versammelte sich um ihn. Während er noch am See war, kam ein Synagogenvorsteher namens Jairus zu ihm. Als er Jesus sah, fiel er ihm zu Füßen und flehte ihn um Hilfe an; er sagte: Meine Tochter liegt im Sterben. Komm und leg ihr die Hände auf, damit sie wieder gesund wird und am Leben bleibt. Da ging Jesus mit ihm. [...]
Während Jesus noch redete, kamen Leute, die zum Haus des Synagogenvorstehers gehörten, und sagten (zu Jairus): Deine Tochter ist gestorben. Warum bemühst du den Meister noch länger? Jesus, der diese Worte gehört hatte, sagte zu dem Synagogenvorsteher: Sei ohne Furcht; glaube nur! Und er ließ keinen mitkommen außer Petrus, Jakobus und Johannes, den Bruder des Jakobus. Sie gingen zum Haus des Synagogenvorstehers. Als Jesus den Lärm bemerkte und hörte, wie die Leute laut weinten und jammerten, trat er ein und sagte zu ihnen: Warum schreit und weint ihr? Das Kind ist nicht gestorben, es schläft nur. Da lachten

sie ihn aus. Er aber schickte alle hinaus und nahm außer seinen Begleitern nur die Eltern mit in den Raum, in dem das Kind lag. Er faßte das Kind an der Hand und sagte zu ihm: Talita kum!, das heißt übersetzt: Mädchen, ich sage dir, steh auf! Sofort stand das Mädchen auf und ging umher. Es war zwölf Jahre alt. Die Leute gerieten außer sich vor Entsetzen.

Lied

DEIN TOD HÄTTE GENÜGEN SOLLEN

1. Dein Tod hätte genügen sollen denen, die sich Christen nennen. Dein Tod hätte enthalten können alle Tode, die wir kennen; alle Tode, die wir bringen, alle Tode, die wir erleiden. Kyrie eleison.
2. Dein Tod hätte vereinigen sollen alle, die davon erfuhren. Dein Tod hätte uns helfen können alle Lebensangst zu nehmen; alle Ängste, die wir bringen, alle Ängste, die wir erleiden. Kyrie eleison.
3. Dein Tod hätte uns, wenn wir wollten, vorbereitet für das Leben. Dein Tod hätte der Weg sein können in das Leben ohne Tod; ohne Tode, die wir bringen, ohne Tode, die wir erleiden. Kyrie eleison.

Text:	Wohlgemut, Hildegard (1970)
Musik:	Heurich, Winfried
Rechte:	bei den Autoren
Verlag, Fundort, Bestellnummer:	AK Singles im BDKJ, Marzellenstr. 32, 50668 Köln; Liedblatt 3, 2/78, Nr. 18
Tonträger:	Studio Union im Lahn-Verlag, Postfach 15 62, 65535 Limburg; »Lieder unserer Zeit aus GOTTESLOB« Folge 1; Best.-Nr. SU 370 (LP)
Nachdrucke:	Bischöfliches Ordinariat Limburg, Ref. Liturgie, Roßmarkt 4, 65549 Limburg; GOTTESLOB-Anhang LM

Oder:

DAS GRAB IST LEER

Text:	Büsching, Heinz
Musik:	Florenz, Hans
Rechte:	bei den Autoren
Verlag, Fundort, Bestellnummer:	AK Singles im BDKJ, Marzellenstr. 32, 50668 Köln; Nr. 9, 4/80, Nr. 79; Liedersammlung »Wir bauen eine neue Stadt«
Tonträger:	AK SINGLES im BDKJ, Marzellenstr. 32, 50668 Köln; Wir bauen eine neue Stadt, SINGLES-PHONO-Reihe Nr. 3; PHONO 3 (2 LP) Neuaufnahme/Neuarrangement; L. Schwann Verlag, Charlottenstr. 80–86, 40210 Düsseldorf; Wir bauen eine neue Stadt (vergriffen)

Oder:

NIEMAND WEISS WIE LANGE

Text:	Zenetti, Lothar
Musik:	Recker, Christoph
Rechte:	bei den Autoren
Verlag, Fundort, Bestellnummer:	Verlag BDKJ INFORMATION, Domplatz 11, 33098 Paderborn; Diözesanarbeitsgemeinschaft musisch-kultureller Bildung im Erzbistum Paderborn (Hrsg.), Liederzeit. Neue Lieder aus dem Erzbistum Paderborn, 1990; ISBN 3-924680-04-3

Oder:

WER LEBEN WILL WIE GOTT

Text:	Oosterhuis, Huub (1965); Bergsma, Johannes (deutsche Übertragung)
Musik:	Coussemaker, Ch. E. H. (1856)
Rechte:	Verlag Gooi & Sticht, NL Hilversum; für den deutschen Sprachraum: Christophorus-Verlag GmbH, 79104 Freiburg
Verlag, Fundort, Bestellnummer:	Christophorus-Verlag GmbH, Hermann-Herder-Str. 4, 79104 Freiburg; Du bist der Atem meiner Lieder. Gesänge von Huub Oosterhuis und Bernhard Huijbers; ISBN 3-419-50567-1
Bearbeitungen:	Lonquich, Heinz Martin, 1990 (Satz); AK Singles im BDKJ, Marzellenstr. 32, 50668 Köln; Liedblatt 33/34, Lied Nr. 285 Rechte: S: beim Autor
Nachdrucke:	Erzbischöfliches Generalvikariat Köln, Hauptabteilung Seelsorge, Marzellenstr. 32, 50668 Köln (Hrsg.); Kehrt um und glaubt – erneuert die Welt. Lieder und Gebete (zum 87. Deutschen Katholikentag in Düsseldorf 1982), 2. Auflage 1982 Gotteslob, Nr. 183

Oder:

DURCH DEINEN TOD, HERR

Text:	Arbeitsgemeinschaft aus dem Priesterseminar Münster
Musik:	Arbeitsgemeinschaft aus dem Priesterseminar Münster
Verlag, Fundort, Bestellnummer:	Verlag Butzon & Bercker GmbH, Hoogeweg 71, 47623 Kevelaer; miteinander. Lieder und Texte für den Gottesdienst. Hrsg. im Auftrag des Bistums Münster von der Hauptabteilung Schule und Erziehung

Gedicht

TROST

I
Nichts ist mir
so vertraut

wie das Gehen
zu den Toten

die halten ihr
Leben zurück
für den Zerfall
in erwachende
Gräser

II
Ihr Gräber,
die ihr eure
Kinder bewahrt
vor dem tödlichen
Leben

bis zu dem Tag
da sie sich
aufrichten in
die Verwegenheit
der Auferstehung

wilhelm bruners

Gedanken zum Gedicht

Ich gehe gerne
über Friedhöfe.
Zwischen
verwitterten, verfallenen,
gepflegten, geschmückten
Gräbern
versuche ich,
in Totenstille
Ruhe und Gelassenheit
zu finden.

Manchmal
auf meinem Weg
vorbei an Gräbern
kommen Erinnerungen
an Begebenheiten,
an Menschen ...
Mir wird bewußt,
wieviele Tote ich gekannt habe,
wieviele verpaßte Chancen
mit ihnen gegangen sind.
Oft wünsche ich mir dann,
daß es den Toten

ebenso ergeht,
daß sie sich auch erinnern
und humorvoll, verständnisvoll
lächeln.
Das hoffe ich.
Von dieser Hoffnung getragen,
fällt es mir leicht,
Abschied zu nehmen
von den Gräbern und
weiter auf meinem Weg zu gehen.

Die Toten jedoch
leben nicht nur
in meiner Erinnerung,
sie *halten ihr*
Leben zurück
für den Zerfall
in erwachende
Gräser,
heißt es im Text.

Die Toten
sind nicht tot,

ihre Verwesung,
eine Verwandlung
zu Grashalmen?
Der biochemische Kreislauf
als ewiges Leben?

»Ein grab in der erde
Hoffnung aufzuerstehen
in einem halm«,
sagt Reiner Kunze.

Nein, das ist
für mich
kein Trost,
keine Hoffnung!

Die Toten,
sie haben Abschied genommen
vom irdischen Leben
von einem tödlichen Leben,
von einem Leben in Angst und Kälte,
von einem Leben, das kein Leben ist,
und verbergen sich
im Schutz der Gräber
in der Hoffnung,
eines Tages
aufzuerstehen –
nicht in ein neues,
irdisches Leben,
sondern in ein endgültiges,
ewiges Leben.
Diese Hoffnung der Gräber
tröstet mich,
wenn ich mich
an die begrabenen Chancen
erinnere.
Sie gibt mir Mut,
immer wieder
verwegen aufzustehn
mitten im Leben
auf diese Hoffnung hin.

Psalm 49

Hängt eure Herzen nicht an Reichtum;
sammelt euch Schätze bei Gott.

1. Hört dies an, ihr Völker alle,
   vernehmt es, alle Bewohner der Erde!
2. Ihr Leute aus dem Volk und vom Adel,
   Reiche und Arme zusammen!
3. Warum soll ich mich in bösen Tagen fürchten,
   wenn mich der Frevel tückischer Feinde umgibt?
4. Sie verlassen sich ganz auf ihren Besitz
   und rühmen sich ihres großen Reichtums.
5. Loskaufen kann doch keiner den andern,
   noch an Gott für ihn ein Sühnegeld zahlen.
6. Für das Leben ist jeder Kaufpreis zu hoch;
   für immer muß man davon abstehn,
7. damit er auf ewig weiterlebt
   und niemals das Grab schaut.

8. Denn man sieht: Weise sterben,/
   genauso gehen Tor und Narr zugrunde,
   sie müssen andern ihren Reichtum lassen.
9. Das Grab ist ihr Haus auf ewig,
   ist ihre Wohnung für immer,
   ob sie auch Länder nach ihren Namen benannten.
10. Der Mensch bleibt nicht in seiner Pracht,
    er gleicht dem Vieh, das verstummt.
11. So geht es denen, die auf sich selbst vertrauen,
    und so ist das Ende derer, die sich in großen Worten gefallen.
12. Der Tod führt sie auf seine Weide wie Schafe,
    sie stürzen hinab zur Unterwelt.
13. Geradewegs sinken sie hinab in das Grab;
    ihre Gestalt zerfällt, die Unterwelt wird ihre Wohnstatt.
14. Doch Gott wird mich loskaufen aus dem Reich des Todes;
    ja, er nimmt mich auf.
15. Laß dich nicht beirren, wenn einer reich wird
    und die Pracht seines Hauses sich mehrt;
16. denn im Tod nimmt er das alles nicht mit,
    seine Pracht steigt nicht mit ihm hinab.
17. Preist er sich im Leben auch glücklich
    und sagt zu sich: »Man lobt dich, weil du dir's wohl sein läßt«,
18. so muß er doch zur Schar seiner Väter hinab,
    die das Licht nie mehr erblicken.
19. Der Mensch in Pracht, doch ohne Einsicht,
    er gleicht dem Vieh, das verstummt.
20. Ehre sei dem Vater und dem Sohn
    und dem Heiligen Geist,
21. wie im Anfang, so auch jetzt und alle Zeit
    und in Ewigkeit. Amen.

Fürbitten

Miteinander laßt uns bitten:

für alle,
die in der Finsternis
kein Licht mehr sehen,
die vor Todesangst
ihren Lebensmut verlieren;

für alle,
die zu den Toten gegangen sind
in der Hoffnung
ihrer Auferstehung,
die zu den Toten gegangen sind

in der Resignation
vor dem Leben;

für alle,
die totgesagt werden
mitten im Leben,
die totgeschwiegen werden
mitten im Leben,
die den Tod herbeisehnen
mitten im Leben;

für alle,
die aufstehen
mitten im Leben und

zur Hoffnung werden
für alle die,
die am Boden liegen,

für uns alle,
die wir Kinder des Lebens
und Kinder des Todes sind,
schenk uns die Versöhnung
des ewigen Friedens
im Geist der Auferstehung!
Darum bitten wir Dich, Gott,
der Du den Tod überwunden hast
in alle Ewigkeit.

Vater unser

Entlassung

Der Gott
des Lebens und des Todes,
er schenke uns
den Mut der Verwegenheit
zur Auferstehung
im irdischen Dasein hin
auf das Leben in Ewigkeit.
Dazu segne uns ...

IV. Körperkirche

Kurt Marti, körperkirche

Begrüßung

Wir sind zusammengekommen als Kirche, als Gemeinde. Ich begrüße Sie alle dazu ganz kirchlich, mit dem alten biblischen Gruß: Der Herr sei mit Euch!

Einleitung

Wir *haben* nicht nur Kirchen, wir *gehen* nicht nur zur Kirche, sondern wir alle *sind* Kirche.
Kurt Marti, evangelischer Pfarrer und Schriftsteller, konstatiert: Früher war die Kirche begeistert und lebendig, später wurde sie starr und fest wie Stein. Und dies, obwohl uns die Frohbotschaft von damals noch erhalten ist. Lassen wir uns durch sie wieder begeistern!

Gebet

Guter und treuer Gott!
Wir nehmen wahr,
wie unbeweglich sich die Kirche unserer Zeit
oft verhält,
wie Stein, bewegungslos!
Steh Du uns
in dieser Zeit
mit Deinem Geist bei,
damit wir immer wieder
die Mitte suchen,
die alles zusammenhält
und auf die hin
alles ausgerichtet ist:
Du, Gott, in uns.
Du lebst und belebst
in alle Ewigkeit. (Amen.)

Einführung in die Lesung

Die junge Kirche war eine Hauskirche. Viele kleine Hausgemeinschaften bildeten einen lebendigen Organismus: eine *körperkirche*. Paulus schreibt an die Gemeinde in Korint von der Kirche in Einheit trotz der Vielfalt. Dazu benutzt er das aussagekräftige Bild vom Körper und seinen vielen Gliedern. Es braucht jedes einzelne dieser verschiedenen Glieder. Letztlich fügen all diese sich zu einem Ganzen zusammen. Das ist Kirche: Vielfalt in der Einheit – es gibt verschiedene Ämter, es gibt verschiedene Dienste, aber der Auftrag kommt von demselben Herrn. Es gibt verschiedene Begabungen, aber alle stammen von demselben Geist. Es ist der Geist, der belebt und uns hinführt zur Mitte unseres Glaubens.

Lesung: 1 Kor 12,12-27

Denn wie der Leib eine Einheit ist, doch viele Glieder hat, alle Glieder des Leibes aber, obgleich es viele sind, einen einzigen Leib bilden: so ist es auch mit Christus. Durch den einen Geist wurden wir in der Taufe alle in einen einzigen Leib aufgenommen, Juden und Griechen, Sklaven und Freie; und alle wurden mit dem einen Geist getränkt. Auch der Leib besteht nicht nur aus *einem* Glied, sondern aus vielen Gliedern. Wenn der Fuß sagt: Ich bin keine Hand, ich gehöre nicht zum Leib!, so gehört er doch zum Leib. Und wenn das Ohr sagt: Ich bin kein Auge, ich gehöre nicht zum Leib!, so gehört es doch zum Leib. Wenn der ganze Leib nur Auge wäre, wo bliebe dann das Gehör? Wenn er nur Gehör wäre, wo bliebe dann der Geruchsinn? Nun aber hat Gott jedes einzelne Glied so in den Leib eingefügt, wie es seiner Absicht entsprach. Wären alle zusammen nur ein Glied, wo bliebe dann der Leib? So aber gibt es viele Glieder, aber nur den *einen* Leib. Das Auge kann nicht zur Hand sagen: Ich bin nicht auf dich angewiesen. Der Kopf kann nicht zu den Füßen sagen: Ich brauche euch nicht. Im Gegenteil, gerade die schwächer scheinenden Glieder des Leibes sind unentbehrlich. Denen, die wir für weniger edel ansehen, erweisen wir um so mehr Ehre, und unseren weniger anständigen Gliedern begegnen wir mit mehr Anstand, während die anständigen das nicht nötig haben. Gott aber hat den Leib so zusammengefügt, daß er dem geringsten Glied mehr Ehre zukommen ließ, damit im Leib kein Zwiespalt entstehe, sondern alle Glieder einträchtig füreinander sorgen. Wenn darum *ein* Glied leidet, leiden alle Glieder mit; wenn ein Glied geehrt wird, freuen sich alle anderen mit ihm. Ihr aber seid der Leib Christi, und jeder einzelne ist ein Glied an ihm.

Lied

KOMM HEILIGER GEIST MIT DEINER KRAFT

Refr.:
Komm heiliger Geist mit deiner Kraft,
die uns verbindet und Leben schafft.

1. Wie das Feuer sich verbreitet und die Dunkelheit erhellt,
   so soll uns dein Geist ergreifen, umgestalten unsre Welt.
2. Wie der Sturm unaufhaltsam, dringt in unser Leben ein.
   Nur wenn wir uns nicht verschließen, können wir deine Kirche sein.
3. Schenke uns von deiner Liebe, die vertraut und die vergibt.
   Alle sprechen eine Sprache, wenn ein Mensch den andern liebt.

Text:	Okonek, Klaus; Raile, Joachim
Musik:	aus Israel
Rechte:	BDKJ Berlin, 1973
Verlag, Fundort, Bestellnummer:	BDKJ Berlin, Witzlebenstr. 30, 14057 Berlin; Sagt es weiter
Nachdrucke:	Bischöfliches Ordinariat Limburg, Dez. Jugend, Roßmarkt 4, 65549 Limburg; Ein neuer Himmel – eine neue Erde, 1980; Kolping-Diözesanverband Würzburg e. V., Sedanstr. 25, 97082 Würzburg; Troubadour für Gott

Oder:

NAHE WOLLT DER HERR UNS SEIN; DAS LIED VOM HERRN IN UNSERER MITTE

Text:	Oosterhuis, Huub (1964); Schalz, Nicolas (deutsche Übertragung)
Musik:	Huijbers, Bernhard (1969)
Rechte:	Verlag Gooi & Sticht, NL-Hilversum; für den deutschen Sprachraum: Hermann-Herder-Str. 4, 79104 Freiburg
Verlag, Fundort, Bestellnummer:	Gotteslob Nr. 617 Christophorus-Verlag GmbH, Hermann-Herder-Str. 4, 79104 Freiburg; »Neues Psalmenbuch«
Bearbeitungen:	Pawlowski, Peter (deutsche Übertragung); Christophorus-Verlag GmbH, Hermann-Herder-Str. 4, 79104 Freiburg; Burckhardthaus-Laetare Verlag GmbH, Schumannstr. 161, 63069 Offenbach/Main; Du bist der Atem meiner Lieder. Gesänge von Huub Oosterhuis und Bernhard Huijbers; ISBN 3-419-50567-1

Oder:
ICH HÖRT EIN WORT MIR SAGEN

Text:	Willms, Wilhelm
Musik:	Heurich, Winfried
Rechte:	Text: Verlag Butzon & Bercker GmbH, Hoogeweg 71, 47623 Kevelaer
	Musik: beim Autor
Verlag, Fundort, Bestellnummer:	Bischöfliches Ordinariat Limburg, Dez. Jugend, Roßmarkt 4, 65549 Limburg; Knotenpunkte. Lieder zu den Sakramenten, 1990
Tonträger:	Bischöfliches Ordinariat Limburg, Ref. Liturgie, Roßmarkt 4, 65549 Limburg; »KNOTENPUNKTE« MC; Best.-Nr. BO 13240

Oder:
WENN EINER ZU REDEN BEGINNT

Text:	Weber, Raymund
Musik:	Edelkötter, Ludger
Rechte:	beim Verlag
Verlag, Fundort, Bestellnummer:	Impulse Musikverlag Ludger Edelkötter, Natorp 21, 48317 Drensteinfurt; Weitersagen – Mut zur Zukunft; IMP 1006 (Liedheft)
Tonträger:	Impulse Musikverlag Ludger Edelkötter, Natorp 21, 48317 Drensteinfurt; Weitersagen – Mut zur Zukunft; IMP 1006 (LP)
Nachdrucke:	Kolping-Diözesanverband Würzburg e.V., Sedanstr. 25, 97082 Würzburg; Troubadour für Gott
	Erzbischöfliches Generalvikariat Köln, Hauptabteilung Seelsorge, Marzellenstr. 32, 50668 Köln (Hrsg.);
	Kehrt um und glaubt – erneuert die Welt. Lieder und Gebete (zum 87. Deutschen Katholikentag in Düsseldorf 1982), 2. Auflage 1982

Oder:
WIR MACHEN UNSERE KIRCHE JUNG

Text:	Reding, Josef
Musik:	Edelkötter, Ludger
Rechte:	beim Verlag
Verlag, Fundort, Bestellnummer:	Impulse Musikverlag Ludger Edelkötter, Natorp 21, 48317 Drensteinfurt; Das gibt's bei uns zuhause nicht / Freude bricht auf; IMP 1013 (Liedheft)
Tonträger:	Impulse Musikverlag Ludger Edelkötter, Natorp 21, 48317 Drensteinfurt; Das gibt's bei uns zuhause nicht / Freude bricht auf; IMP 1013 (LP)
Nachdrucke:	Deutscher Katecheten-Verein (DKV), Preysingstr. 83c, 81667 München; Wellenbrecher. Lieder für den Aufbruch; ISBN 3-88207-245-8.

Gedicht

körperkirche
die kirche
des geistes
sind unsere körper
(schrieb der epileptiker
einst nach korint)

darum dann:
umarmungen küsse
und heilige mähler

erst später:
kirchen aus stein

Kurt Marti

Gedanken zum Gedicht

erst später: / kirchen aus stein, sagt Kurt Marti. Vorher waren die Kirchen also anders! Eben Kirchen des Geistes! Also nicht kalt und starr, weil Stein, sondern sehr lebendig, weil begeistert.
Kurt Marti beruft sich dabei auf den Apostel Paulus, auf seine Worte, die er der Gemeinde von Korint schrieb: *die kirche/ des geistes/ sind unsere körper/ (schrieb der epileptiker/ einst nach korint).*
Paulus – ein Epileptiker? Manche schließen das aus verschiedenen Andeutungen, die Paulus selbst macht. Epilepsie ist eine Krankheit – erblich oder traumatisch, die den Körper schubweise überfällt, anfallartig. Paulus würde also das Phänomen kennen: plötzlicher Überfall von Kräften, über die du nicht verfügst.
Ein Kranker kennt oft seinen Körper besser als ein Gesunder. Als Kranker schrieb Paulus. Vielleicht als Epileptiker! Er kennt seinen Körper, weiß um das Zusammenspiel aller Glieder, weiß, was es heißt, wenn Glieder den Dienst versagen.
Dennoch oder gerade deswegen wagt Paulus das Bild von der *körperkirche*. Er schrieb von der *körperkirche* lebendig und warm. Er wußte, wovon er schrieb. Er wußte, was es heißt, vom Geist überfallen zu werden, plötzlich und unerwartet.
»Oder wißt ihr nicht, daß euer Leib ein Tempel des Heiligen Geistes ist, der in euch wohnt und den ihr von Gott habt?« (1 Kor 6,19).
So erlebte er den Leib, so erlebte er die Kirche, auch diese verrückte charismatische Gemeinde in Korint.
Was macht diese *körperkirche* aus?
umarmungen küsse/ und heilige mähler. Nähe also, Begegnung, Berührung – Erfahrungen, die wir heute oft in den Steinkirchen schmerzlich vermissen.
Und dennoch gibt es sie vielerorts: diese Kirche der Begegnung. Es gibt sie vor allem dort, wo den Menschen das Geld fehlt, Steinkirchen zu

bauen. Oder in Gemeinden, die sich neben der »Steinkirche« angesiedelt haben. Es gibt sie vor allem dort, wo Kirche noch die Bewegung auf ein Du hin ist, wo sie selbst die Nähe und die Tiefe in der Begegnung mit dem Du sucht. Überall dort, wo sie die Zärtlichkeit Gottes bezeugt und hautnah zu den Menschen geht. Wo sie die Menschen umarmt – gerade die, die keiner mehr umarmen will; wo sie Menschen küßt – wie Franziskus den Aussätzigen.

Da, wo die Kirche das Brot teilt, wirklich teilt, da erleben Menschen *heilige mähler,* da sind Abendmahl und Eucharistie nicht nur Zeremonie, sondern lebendiges Essen, Mahl der Gemeinschaft. Wir brauchen sie alle, diese Kirche des Geistes – gerade in starren und kalten Zeiten, in kirchlichen Steinzeiten, Winterzeiten. Wir leben von der Wärme der Begegnung, von Umarmungen und Küssen. Wir leben vom gemeinsamen Tisch mit Wein und Brot. Wenn wir da Kirche leben, werden sich dann nicht auch die Steine zu uns gesellen?

Psalm 84

1. Wie liebenswert ist deine Wohnung, Herr der Heerscharen! / Meine Seele verzehrt sich in Sehnsucht nach dem Tempel des Herrn.
2. Mein Herz und mein Leib jauchzen ihm zu, ihm, dem lebendigen Gott.
3. Auch der Sperling findet ein Haus / und die Schwalbe ein Nest für ihre Jungen – deine Altäre, Herr der Heerscharen, mein Gott und mein König.
4. Wohl denen, die wohnen in deinem Haus, die dich allezeit loben! –
5. Wohl den Menschen, die Kraft finden in dir, wenn sie sich zur Wallfahrt rüsten.
6. Ziehen sie durch das trostlose Tal, / wird es für sie zum Quellgrund, und Frühregen hüllt es in Segen.
7. Sie schreiten dahin mit wachsender Kraft; dann schauen sie Gott auf dem Zion. –
8. Herr der Heerscharen, höre mein Beten, vernimm es, Gott Jakobs!
9. Gott, sieh her auf unsern Schild, schau auf das Antlitz deines Gesalbten! –
10. Denn ein einziger Tag in den Vorhöfen deines Heiligtums ist besser als tausend andere.

11. Lieber an der Schwelle stehen im Haus meines Gottes;
    als wohnen in den Zelten der Frevler.
12. Denn Gott der Herr ist Sonne und Schild.
    Er schenkt Gnade und Herrlichkeit;
13. der Herr versagt denen, die rechtschaffen sind, keine Gabe.
    Herr der Heerscharen, wohl dem, der dir vertraut! –
14. Ehre sei dem Vater und dem Sohn
    und dem Heiligen Geist,
15. wie im Anfang, so auch jetzt und alle Zeit
    und in Ewigkeit. Amen.

Fürbitten

Barmherziger Gott! Du rufst Dein Volk immer wieder neu aus den vielen Menschen und sammelst sie zu einer großen Gemeinde. Wir bitten Dich:
Mach uns stark im Glauben, in der Hoffnung und in der Liebe, damit die Kirche durch Dich, in Dir und mit Dir lebt und wirkt.
Wir heißen nicht nur Deine Kinder, wir sind es. Gib uns, Du treuer Gott, Deinen Geist, diese Kindschaft zu pflegen und zu leben.
Laß uns in der Kraft Deines Geistes Wege zu den Menschen finden, die an der Kirche zerbrochen sind.
Stärke die Frauen und Männer, die unter den Ärmsten der Menschen Gemeinden aufbauen und Kirche gegenwärtig machen.
Hilf uns, unsere Ängste voreinander zu überwinden, und führe uns mit allen Kirchen zur Gemeinschaft des Mahles.
All diese Bitten legen wir vor Dich hin, Gott. Laß sie Erfüllung finden in Jesus, unserem Bruder, in alle Ewigkeit. (Amen.)
Laßt uns nun das Gebet sprechen, das Gebet Jesu, das alle Christen miteinander eint:

Vater unser

Entlassung

Um Deinen Geist
haben wir gebetet, Gott,
um den Geist,
der uns Wärme gibt

und Hoffnung in
allen Krisen.
Wir danken Dir,
daß Du uns nicht geistlos

uns selbst überläßt,
sondern in allen Zeiten
Kräfte freisetzt,
um alle Härten
zu überwinden.
Laß uns nun gehen
und unserer Aufgabe
treu bleiben:

Dich und Dein Wort zu verkünden
und zu leben.
Wir tun es durch Dich,
in Dir und mit Dir,
der Du lebst in Jesus,
Bruder und Herr,
in der Einheit des Heiligen Geistes
bis in alle Ewigkeit. (Amen.)

Geht, und tragt Gottes Geist in die Welt!
Geht, und seid mitten in der Welt Gottes Kirche!
Geht, und seid den Menschen nahe!
Dazu segne uns der Vater ...

Die Lesungstexte der Bibel sind entnommen der Einheitsübersetzung, ebenso Psalm 62; die übrigen Psalmen stammen aus dem Gotteslob.

Hinweis: Für die Recherchen der Neuen Geistlichen Lieder, die aus dem gesamten vorhandenen Liedgut auf jedes Gottesdienst-Thema hin ausgewählt wurden, danken wir der Redaktionsgruppe Datenbank NGL c/o Jugendhaus Düsseldorf, Postfach 32 05 20, 40420 Düsseldorf. Die Datenbank wird herausgegeben vom Jugendhaus Düsseldorf und der katholischen Fachstelle für Gestaltung, Wiesbaden.

Quellennachweis

Hilde Domin, Abel steh auf: Gesammelte Gedichte, © S. Fischer Verlag, Frankfurt/M., 2. Auflage 1987
dies., Bitte: ebd.
Ernst Eggimann, psalm 22: psalmen, Limes Verlag, in der F. A. Herbig Verlagsbuchhandlung, München
Uwe Grüning, Einspruch: Almanach für Literatur und Theologie 4, hg. v. D. Sölle, W. Fietkau, A. Juhre, K. Marti, Peter Hammer Verlag, Wuppertal 1970
Werner Kallen, Unterbrechungswünsche: Zu Gast in deinen Zelten. Biblische Variationen, Patmos Verlag, Düsseldorf 1990
Günter Kunert, Schofar: Unterwegs nach Utopia, Carl Hanser Verlag, München/Wien 1977
Reiner Kunze, Pfarrhaus: Auf eigene Hoffnung, © S. Fischer Verlag, Frankfurt/M. 1981
Else Lasker-Schüler, Weltende: Gesammelte Werke in drei Bänden. Bd. 1. Gedichte 1902–1943, Kösel Verlag, München, 4. Auflage 1990
Kurt Marti, höhle: Meergedichte, Alpengedichte, © Wolfgang Fietkau Verlag, Berlin 1975
ders., Großer Gott klein: Abendland, © Hermann Luchterhand Verlag, Darmstadt/Neuwied 1980; mit frdl. Genehmigung des Luchterhand Literaturverlags, Hamburg
ders., körperkirche: ebd.
Helga Piccon-Schultes, Ent-täuschung: Proben das neue Jerusalem. Verlag Himmerod-Drucke, 1975
Josef Reding, zweitausend jahre: Nennt sie beim Namen. Asphaltgebete. Herder Verlag, Freiburg 1982 (Herderbücherei 979); © beim Autor
Bruno Stephan Scherer, Gott zeichnen: Neugeborener Weltball meiner Gedanken, Cantina-Verlag, Goldau/Schweiz 1981, © beim Autor
Silja Walter, Oration: Gesammelte Gedichte, Verlags AG Die Arche, Zürich 1950; mit frdl. Genehmigung der Arche Verlag AG, Raabe und Vitali, Zürich
dies., Schau: Paul Konrad Kurz (Hg.), Wem gehört die Erde. Neue religiöse Gedichte, Matthias-Grünewald-Verlag, Mainz 1984
Wilhelm Willms, psalm: roter faden glück, Verlag Butzon & Bercker, Kevelaer, 5. Auflage 1988, 2.5.
Eva Zeller, Wo ich wohne: Fliehkraft, Deutsche Verlags-Anstalt, Stuttgart 1975
Wilhelm Bruners: Erstveröffentlichungen